Für meine Cousinen
Λίζα, Χριστίνα, Λία

Sabine Evangelia Koop

Eine Blüte Luft

mit Illustrationen von Carmen José

Euch, den Schönen, gilt mein Sinnen,
unveränderlich.

                                        SAPPHO

1

was ist
werden?

Luft gleitet durch mein Gewebe,
fließt und verteilt sich,
regt und wandelt sich,
sanft und flüchtig,
ein schwingendes Geschöpf.

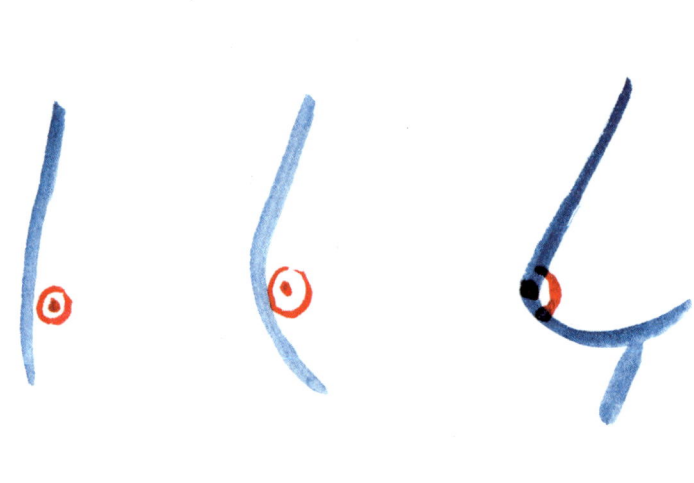

KÖRPERSCHÄTZE

Als Kind bin ich ein Ganzes.
Durchlässige, glänzende Fasern
füllen mich aus, halten mich.

Ich versinke in Bewegungen,
spüre meine Gelenke,
meine Muskeln, meine Kraft.

Ich bin frei von Scham,
unabhängig von Geschlecht
und Form.

Heute frage ich mich,
wohin schweben diese frühen Körper?
Welche Spuren hinterlassen sie?
Wo sind ihre Schätze verborgen?

KNOSPE DER BRUST

Ich erinnere mich nicht
an die erste Zeit des Verwandelns.

Es gibt dieses eine Foto von mir
an der Küste Griechenlands.

Kurze Haare, von Luft durchströmt,
meine Hände in die Hüften gestemmt.

Mit festen Beinen stehe ich auf
Sand, kneife die Augen zusammen.

Unter dem Hemd eine leichte Erhebung
– Knospe der Brust.

DIESES NEUE

Tante Maria hatte dieses Ritual.
Jedes Jahr im Sommer
begrüßte sie mich
als werdende Frau.

Sie zwickte, zupfte und
kniff in meine Brüste,
lachte liebevoll
und freute sich für mich.

Wie selbstverständlich
kam sie mir nah,
näher als meine Mutter,
eine griechische Spielerei,
sagte ich mir.

Sie hieß dieses Neue
willkommen, während ich
in Peinlichkeiten ertrank.

Etwas Fremdes zog bei mir ein
und es war noch nicht entschieden,
wie ich es in mir wohnen lasse.

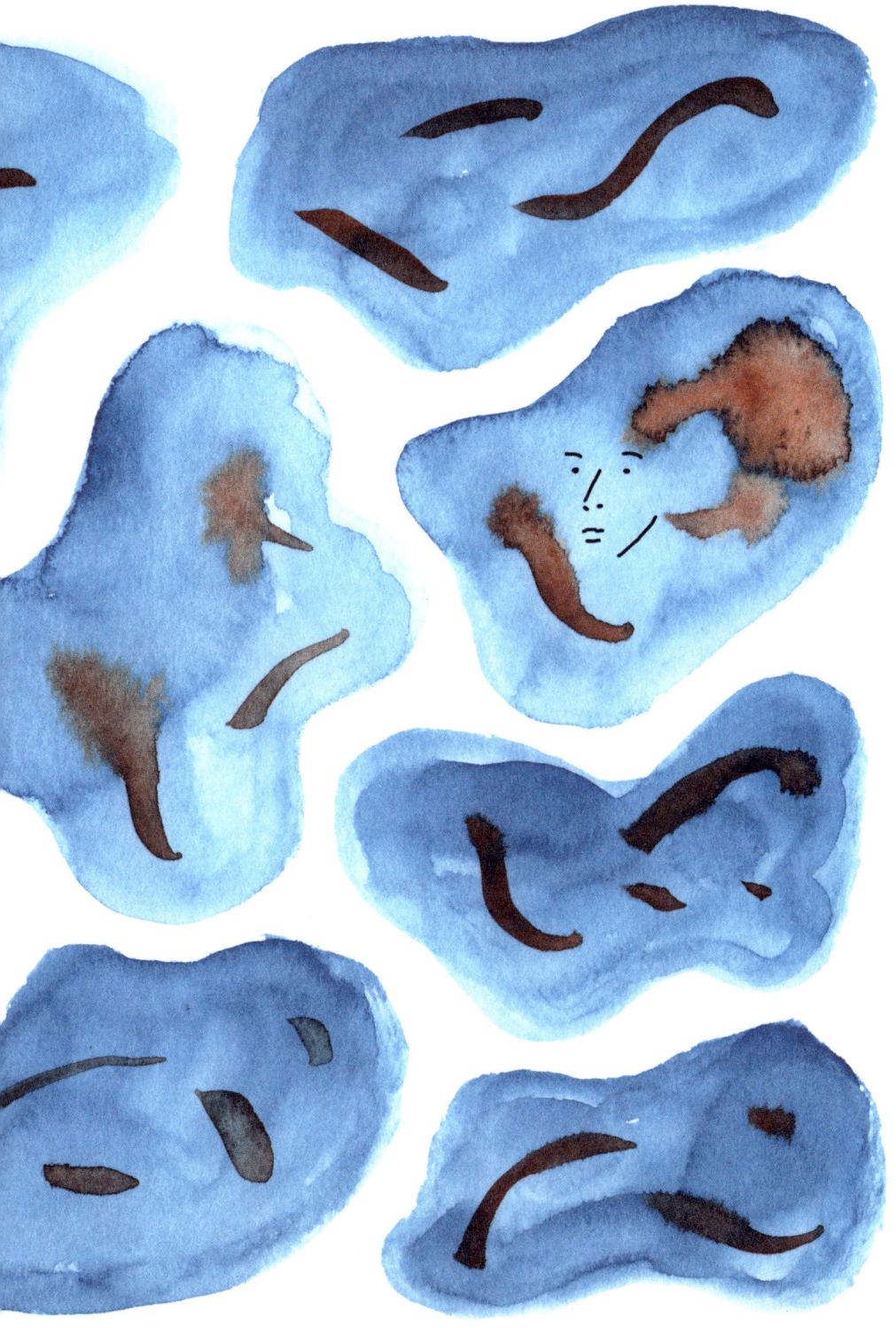

TIEFGANG

Es ist nicht friedlich,
bäumt sich auf,
pulsiert, wird stärker.

Die Tiefenstruktur
zieht sich zusammen,
das Becken brennt.

Unwohlsein
durchzieht alle Schichten,
unaufhaltsam.

Jeden Monat
ein innerer Kampf
in Becken und Brust.

Ein Taumeln,
ein Sinken ins Dunkle,
bis es vorübergeht.

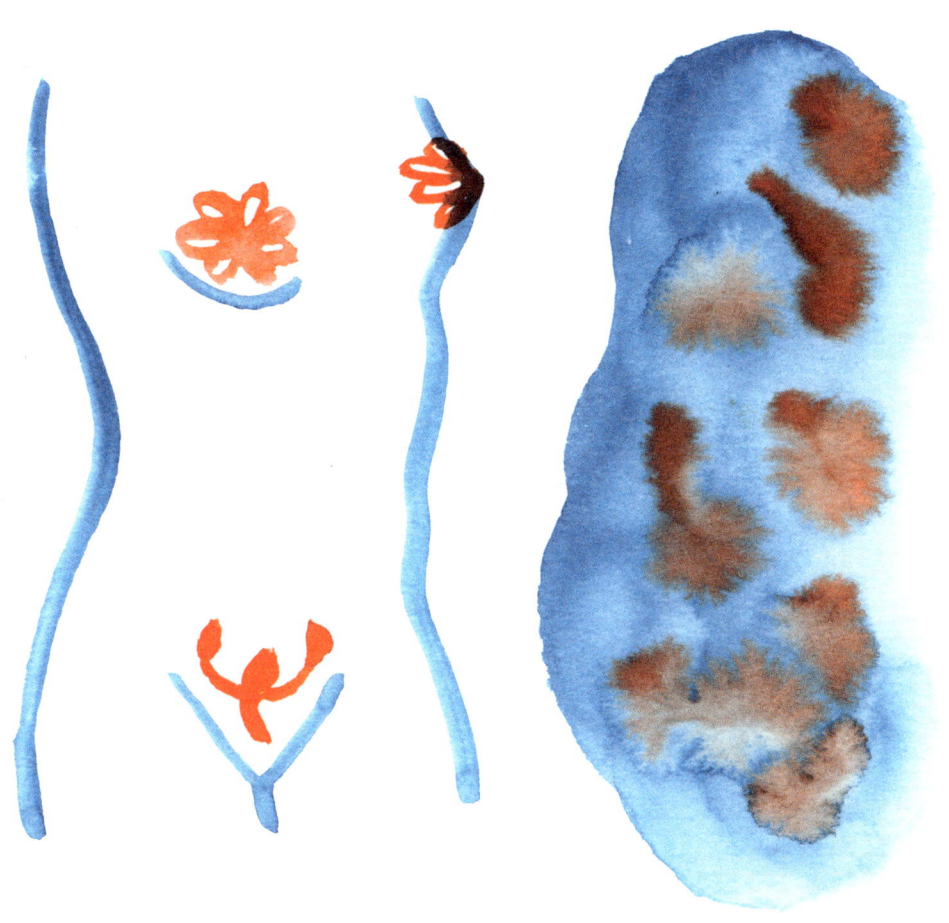

STILLLEBEN

Ich sehe mich sitzen
mit Buch in der Hand
und Kind im Arm.

Ich scheine zu träumen,
der Blick verschwommen,
der Körper träge.

Während in der Brust
das Gewebe erwacht.

Kleine Trauben füllen sich
mit Milch.

Über Verzweigungen
fließen die Tropfen
zur Knospe.

Bereit für den Mund.

ÜBERGÄNGE

Es sind ruhige Jahre
für meine Brust.
Ihr Innenleben bildet sich
wieder zurück.

Sie wird still,
fällt in einen Winterschlaf.
Begegnet mir nur
in schönen Momenten.

Der monatliche Sturm
hat sich gelegt.
Die inneren Brände
sind Erinnerung.

In letzter Zeit
vernehme ich Vorboten
für einen neuen Wechsel.

Wie wird mein Körper
das Fremde empfangen?
Schwimmt er mit mir durchs Leben?

2

wohin falle
ich?

Ich treibe
von einem Augenblick
in den nächsten.

Versuche
dem Flüchtigen
zu vertrauen.

DER BEFUND

Mein Körper spricht mich an.
Er ist irritiert, ich aber
verstehe seine Zeichen nicht.

Eine Unruhe durchschleicht mich.
Seine Teilchen kommunizieren
immer lauter miteinander.

Ich bin in etwas
Undurchsichtiges verwickelt.
Das Alltägliche entgleitet.

Kranke Zellen werden sichtbar
und meine Wirklichkeit zerfällt.

EIN AUGENBLICK VON WÜRDE

In einem Raum,
der nicht zum Verweilen einlädt,
der einer Untersuchung gilt,
fällt es schwer, sich zu entkleiden.

Alles fühlt sich noch intimer an.

Dann kann es sein,
dass jemand vor mir steht,
der mit mir spricht, Abläufe erklärt,
während ich entblößt bin.

Etwas in mir wird instabil.

Aber wäre da ein Mensch,
der mir ein Handtuch reichte,
um mich zu bedecken,
ich wäre ein wenig geschützt.

Dankbar, nicht in allem nackt zu sein.

DAS RICHTIGE

Ich höre die Stimme der Ärztin,
lausche dem Klang ihrer Worte,
aber mir erschließt sich nicht
das Wesentliche.

Gibt es das Richtige für mich?
Welche Behandlungen helfen mir?
Mit welcher Entscheidung
kann ich gut leben?

Das Tempo der Ereignisse
lässt keine Überlegungen zu.
Mir fehlt ein Innehalten.
Ein ruhiger Blick, eine warme Hand.

Ich hänge an meiner Oberfläche fest,
versuche, mich dort zu halten,
spanne mir ein Netz aus aller
Hoffnung, die ich aufbringen kann.

Ich gehe den nächsten Schritt
und ziehe einen erstarrten Körper
und eine erschrockene Seele
mit.

UNSCHÄRFE

Meine Gestalt
ist verändert worden,
während ich schlief.

Ich wache auf
und sehe mich nicht.
Alles ist verhüllt, geschützt.

Ich bin verschwommen,
kann mich nicht fassen,
suche Vertrautes.

Doch merke nur –
ich bin nicht mehr unversehrt.

KLANG DER STRAHLEN

Ich sehe das grelle Licht.
Die Kabine mit dem Spiegel.
Den Weg zur Liege, offen und einsehbar
und mich selbst in ein Handtuch gehüllt.

Ich höre den durchdringenden Ton.
Erlebe mit ihm die Ausdehnung der Zeit.
Eingespannt zwischen einem Ja
und einem Nein.

Ich habe ewig stillzuliegen.
Lautlos summe ich in mich hinein,
erkenne eine kleine Melodie.
Der Strahlenton, erst drängend,
dann etwas weicher in meinem Ohr.

Und für einen Moment
kann ich wieder atmen.

WORTE IN MIR

Lass es zu Ende sein.

Ich spreche diese Worte nicht,
sie bewegen sich in mir, schreiben sich
in die Fasern meines Körpers.
Sie fliegen durch meine Zellen,
tönen unter meiner Haut.

Lass es zu Ende sein, bitte.

Ihr Klang vibriert in meinen Adern,
verdichtet sich, wird fest
und hängt mir in der Kehle,
rinnt aus meinen Augen.

Bitte.
Es ist genug.

MEINE RUHE

Ich bin unversehens
gefallen. Das Greifbare
ist mir entschwunden.

Es fehlt die Kraft,
mich auszudehnen,
wieder Raum einzunehmen.

Die Berührungen
meiner Hände
halten mich.

Ich schließe
meine Augen
und ruhe mich aus.

Dann spüre ich das Lebendige.
Es leuchtet und blinkt,
summt und rauscht.

Und mehr und mehr
gewinne ich Zutrauen
zu diesem Etwas,
das mich zusammenhält.

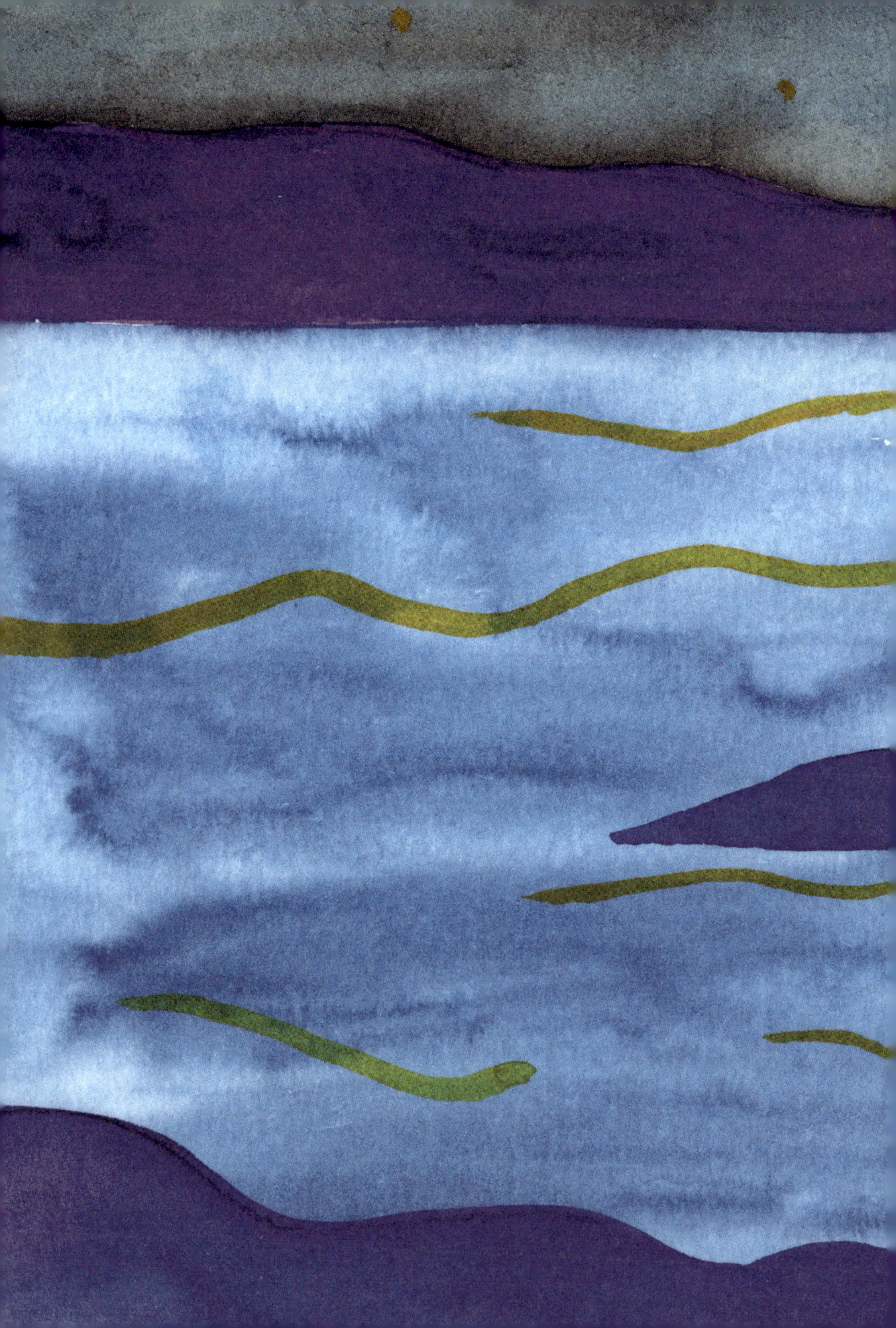

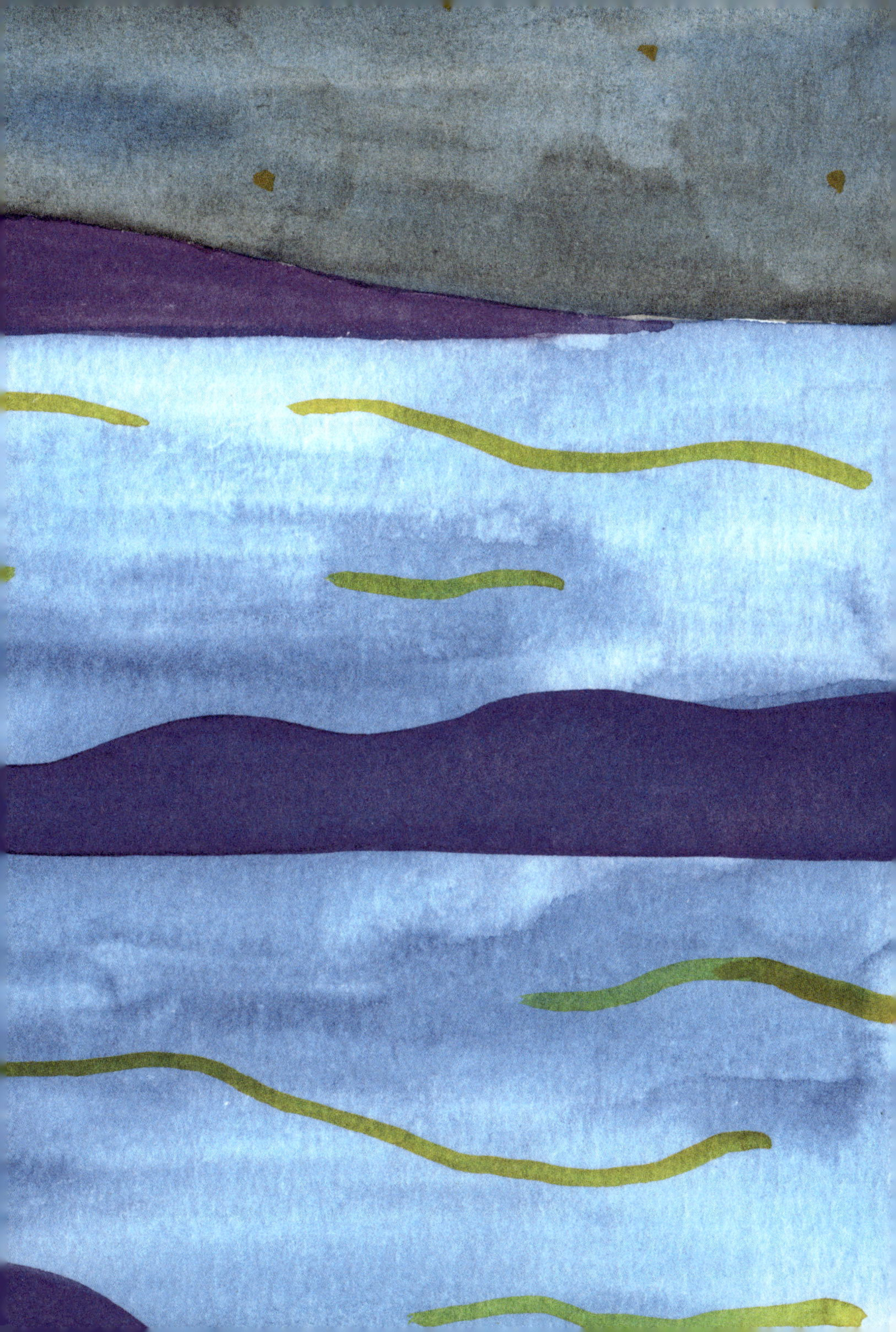

3

wie spüre
ich mich?

Ich gebe meiner Traurigkeit
Raum,
lasse sie körperlich werden.
Sie ist mein Gast
für heute.

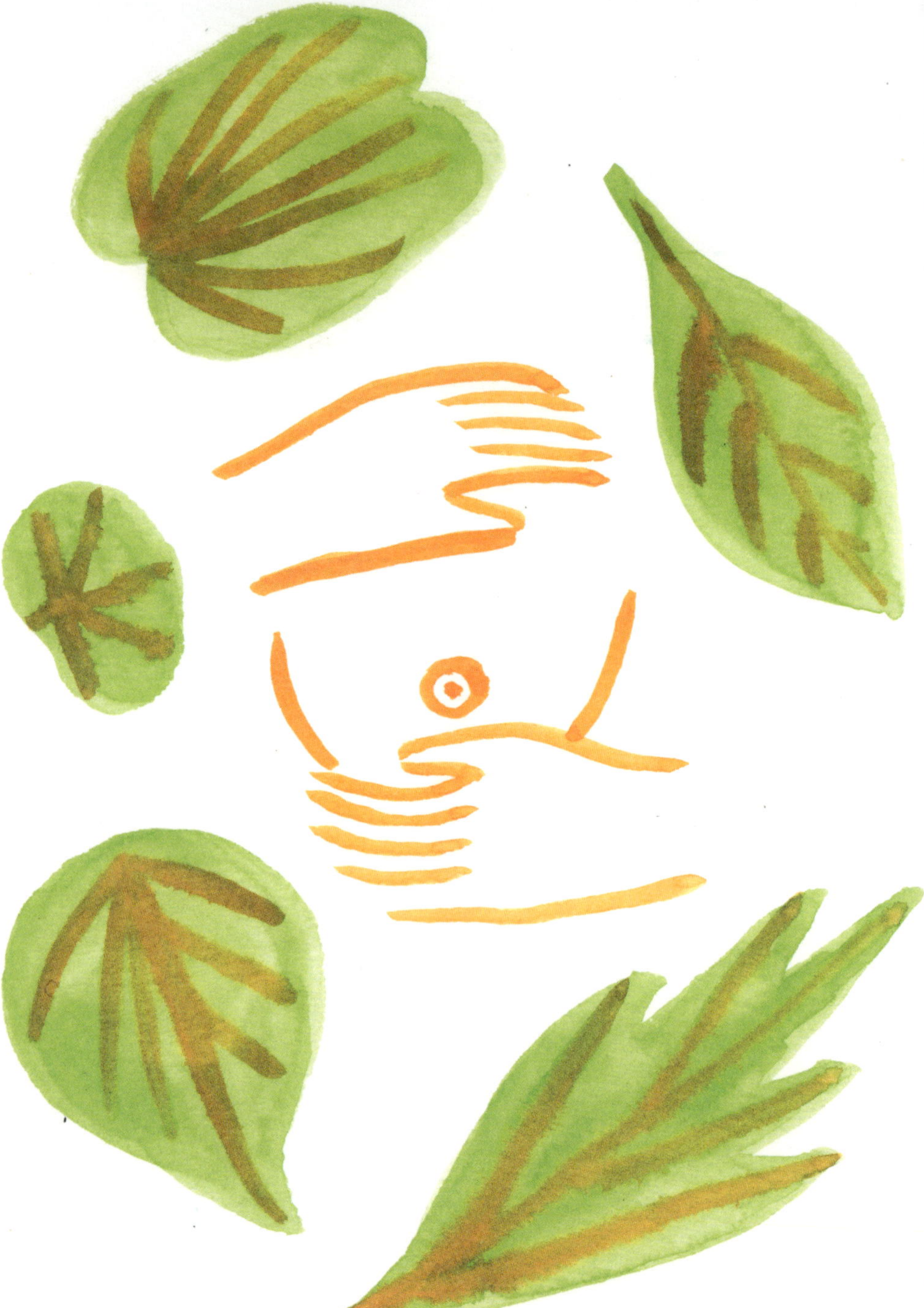

MIR BEGEGNEN

Es ist wirklich geschehen.

Mein Körper ist anders
als vorher.

Wie nehme ich es an?
Das Kranke und Unschöne?

Bin ich bereit, für mich selbst
die Arme offenzuhalten?

Mich zu trösten,
wenn alle anderen schlafen?

Ich kann sie ja erst einmal ansehen,
diese fremde Gestalt.

Jeden Tag ein bisschen länger.
Das kann ich mir vornehmen.

Und sie berühren,
umfassen, ertasten.

Mit ihr sein.

DAS HUCH

Manchmal fehlt etwas.

Mein Arm macht eine Bewegung
und: huch!
Da ist kein Widerstand mehr.

Diese Stelle ist auf einmal
leer ... ungefüllt ... entfernt ...

ZWIEGESPRÄCH

Mein Körper und ich,
wir sprechen jetzt
öfter miteinander.
Ich schaue ihn an und frage viel.

Warum bin ich betroffen?
Habe ich dich übersehen?
Dich zu wenig geliebt?
Bin ich vielleicht schuld?

Behutsam tastet er
nach meiner Hand,
spricht seine Worte
mit Bedacht.

Wie ein feiner Dunst
dringen sie durch meine Poren,
legen sich schützend
um mein Herz: Du
bist nicht schuld.

Es sind Zellen,
eigenartige Gesellen,
die niemand wirklich kennt.

Es braucht kein Warum,
es gibt keine Schuld.

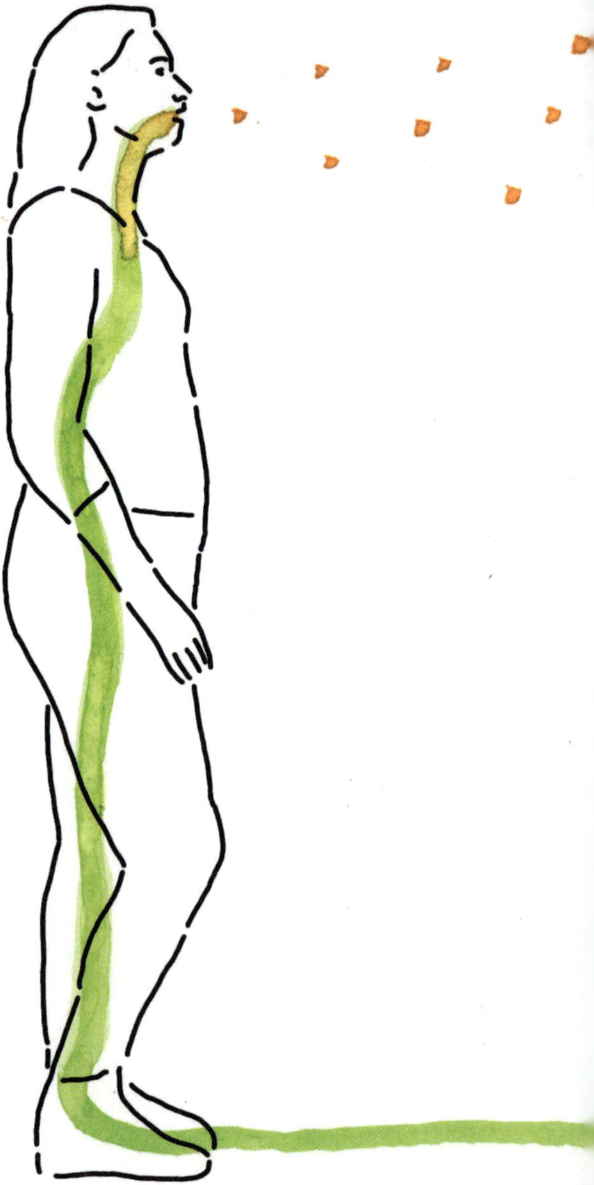

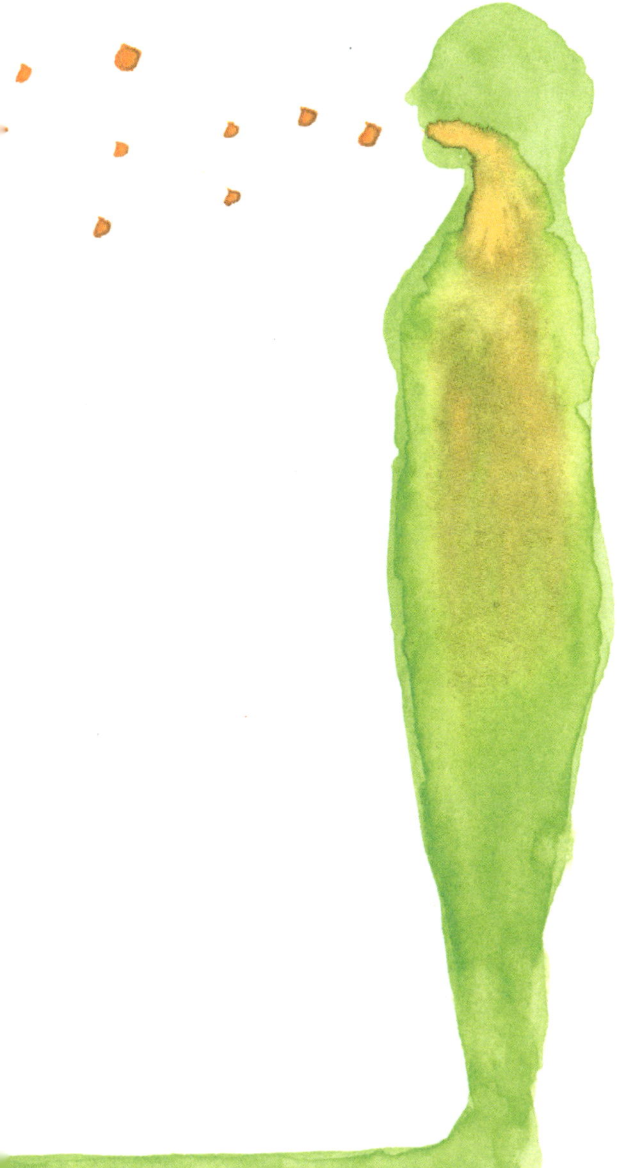

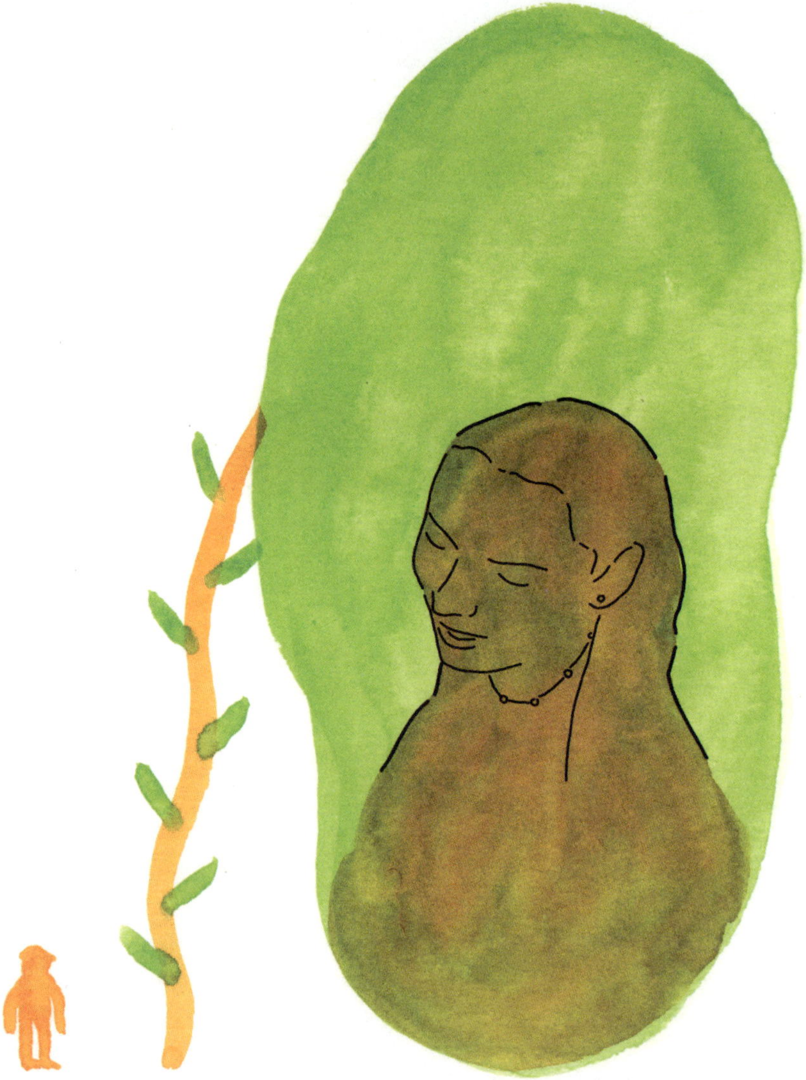

SPIEGELBILD

Für einen Tag würde ich gerne
Schwarz tragen und zeigen,
ich suche Trost.

Nach außen erscheint alles
unauffällig, ich bin versteckt,
verhüllt.

Ich lache wieder, bin im Geschehen,
aber zu Hause fallen meine Hüllen.

Ich entblättere mich, langsam – zögernd.
Meine neue Gestalt schaut mir entgegen.

Ich halte ihrem Blick einfach nicht stand.

SICHTBAR SEIN

Mein Begehren
überrollt von der Wucht
des Geschehens.

Meine sensiblen Fasern
eingedrückt
und stumpf.

Ein Verschreckt-Sein
beherrscht
mich.

Wo ich mich
auflösen möchte,
wird es schwer.

Ein zu großer Mantel
liegt auf mir.

Statt mich zu schützen,
deckt er alles ab,
nimmt mir den Atem.

Mein verwundetes Sehnen
möchte ans Licht.

Im Hellen sichtbar
und verstanden sein.

FÜR IMMER

Etwas in mir hat Angst,
fürchtet sich vor
der nächsten Zeit.

Es wünscht sich ein
Für-Immer,
eine Sicherheit,
in der es Halt finden kann.

Doch Für-Immer ist nicht
mein Maß der Zeit.

Mein Leben wandert,
fließt oder kippt
ins Andere.

Hier versuche ich
anzukommen.

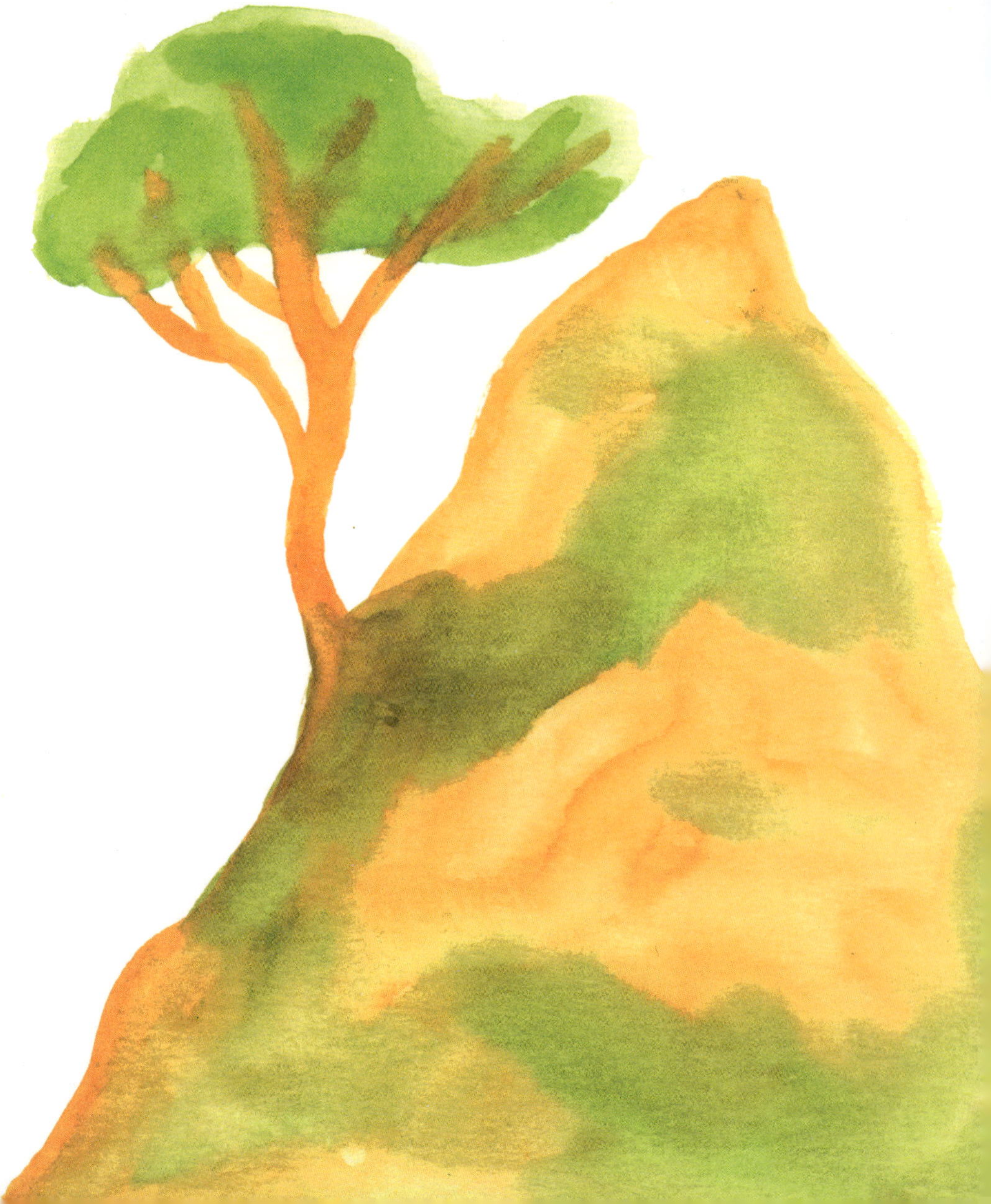

NACHTGEDANKEN

Wie fülle ich meine Leere?
Wo ist meine geheime Quelle?

Was kann ich vertiefen,
um mich wieder aufzurichten?

Gibt es neben der Summe meiner Teilchen
eine Essenz, die ich anzapfen kann?

Und wie heile ich
die Seele
meiner Brust?

4

wo ist
Kraft?

Ich halte inne,
spüre Perlen von Luft.

Ein Fast-Nichts,
ein kleiner Ruhepol,
ein Augenblick für mich.

WENDEPUNKT

Manchmal durchdringt
eine dunkle Stille
meine Poren.

Sie bedrängt mein Vertrauen,
lässt meine Fragen
unbeantwortet.

Düster haucht sie in mein Ohr:
Ich sehe deine Zukunft nicht.

Ich entscheide,
von ihr wegzutreten,
sie zu betrachten.

Sie gehört zu mir,
diese schwarze
geräuschlose Tönung.

Ich lasse sie
in meinen Räumen wohnen.
Aber ich folge ihr nicht.

Meine innere Bewegung
fächert sich auf,
entfaltet einen neuen Klang.

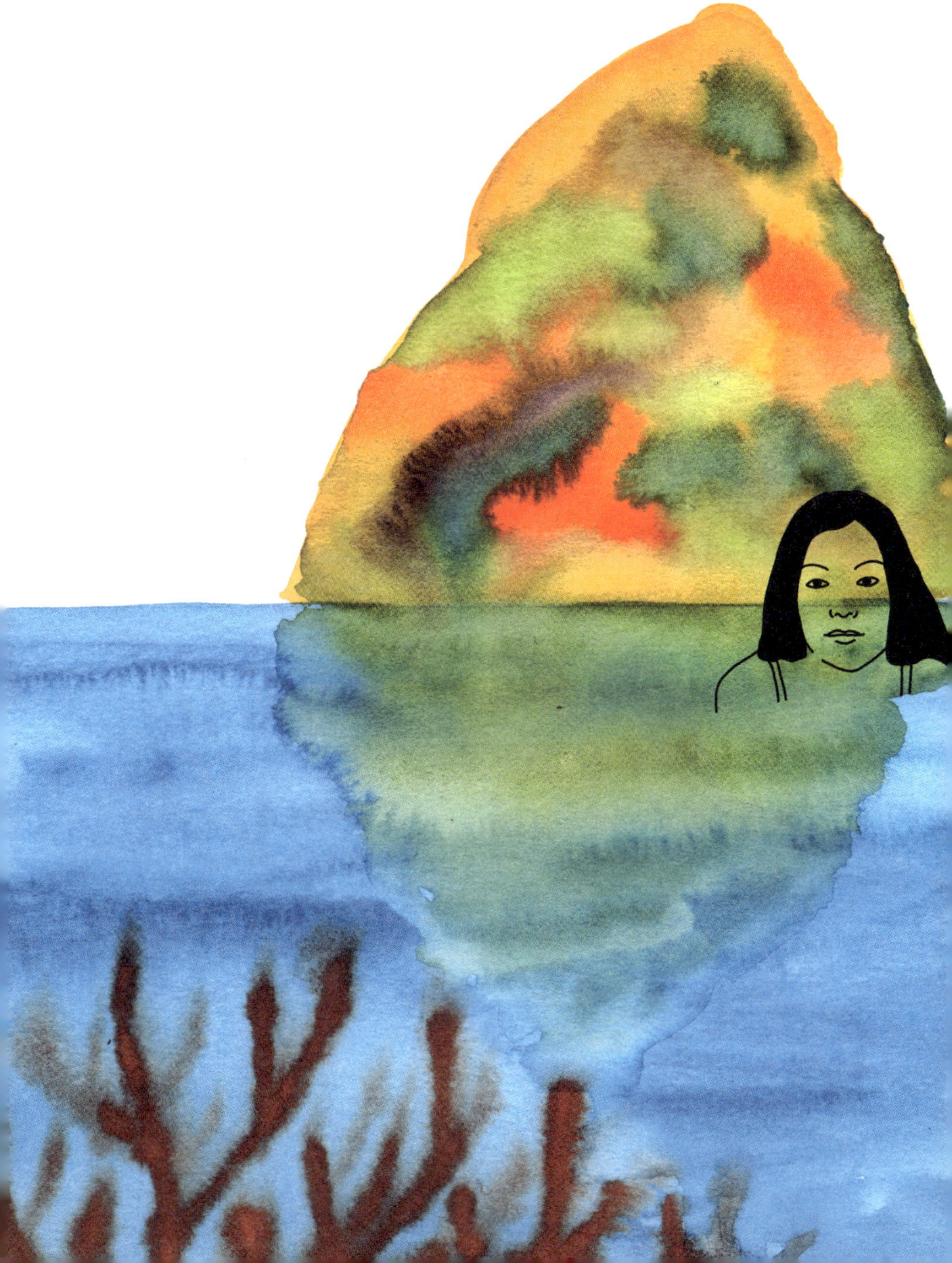

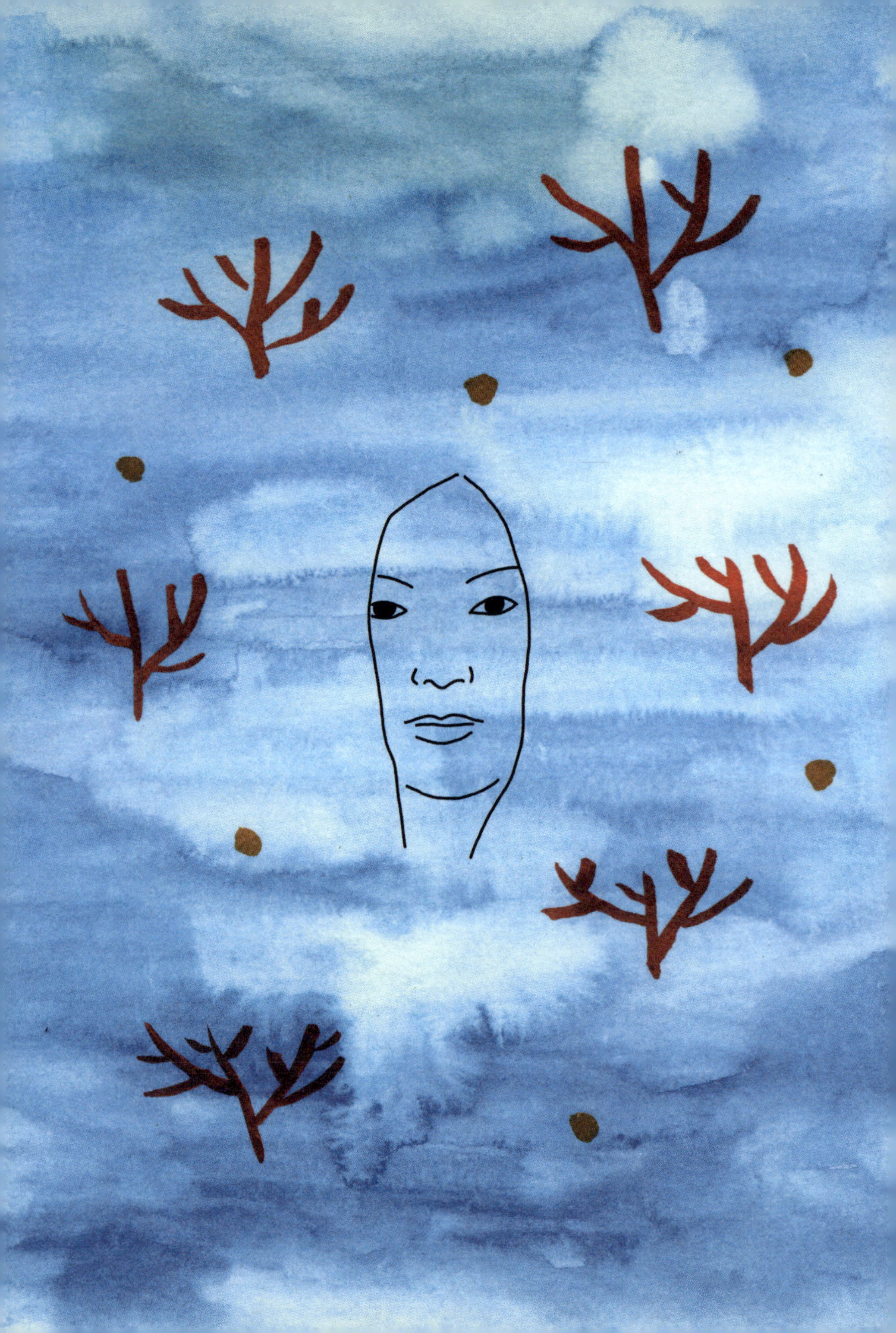

DAS DAZWISCHEN

Ein Hauch von Zweifel bleibt
nach jedem Gespräch
über meine Bedürfnisse.

Ich frage mich:
Wie viel Freiraum
steht mir zu?

Halten mich Zügel fest?

Merkwürdige Fäden sind das.
Lassen mich pendeln
zwischen mir und den anderen.

Und ich staune über mich selbst.
Über mein Zögern,
mir beizustehen.

GOLDENE KÖRPERRISSE

Meine Wunden verheilen,
Narben bilden langsam
ein neues Gewebe.

Ich entdecke helle Risse
in meiner Membran.

Die Haut wirkt durchlässig.

Ich spüre, wen ich brauche.
Ich fühle, was mich stört.

Körperlich, nah,
unverfälscht.

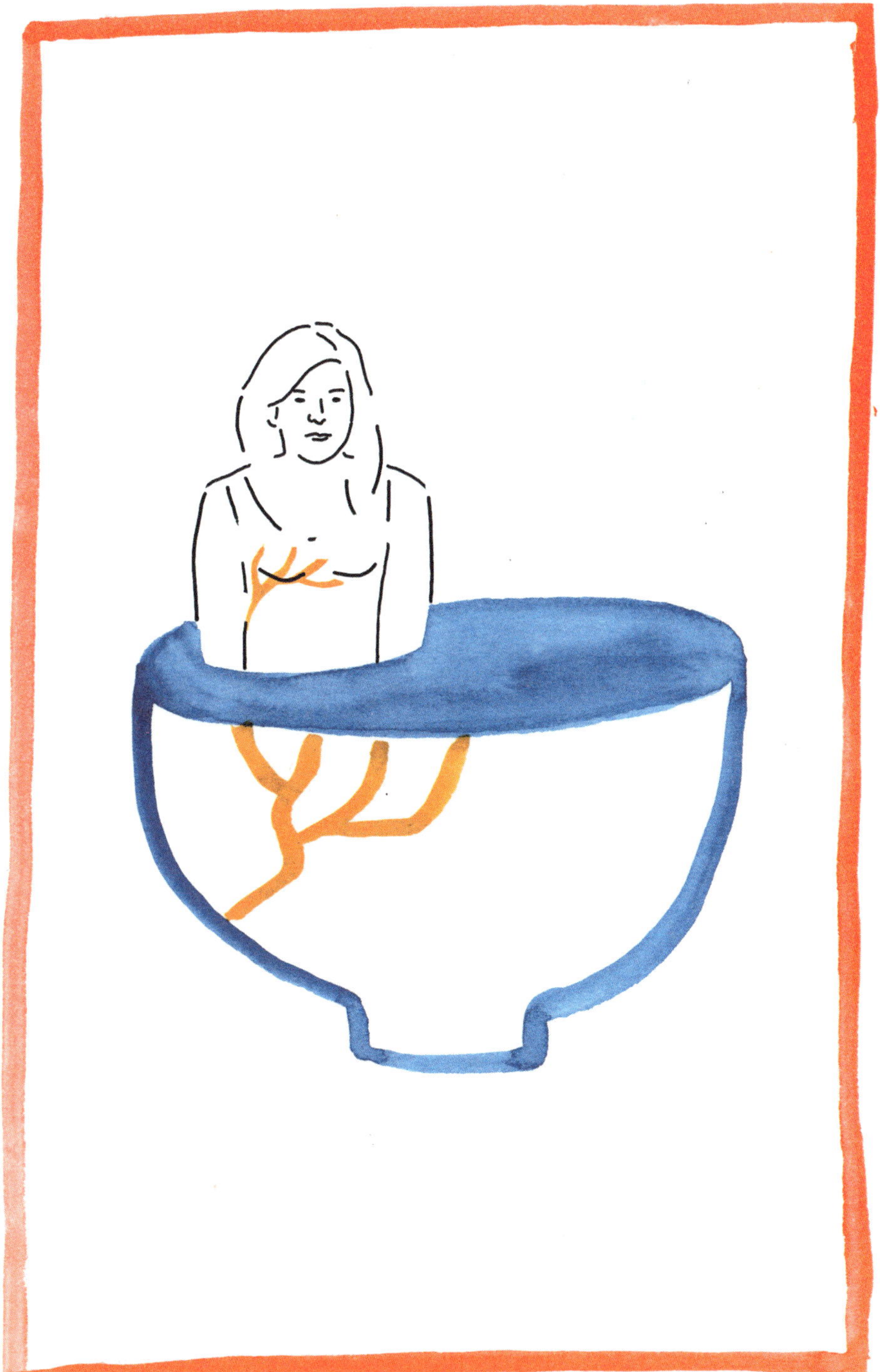

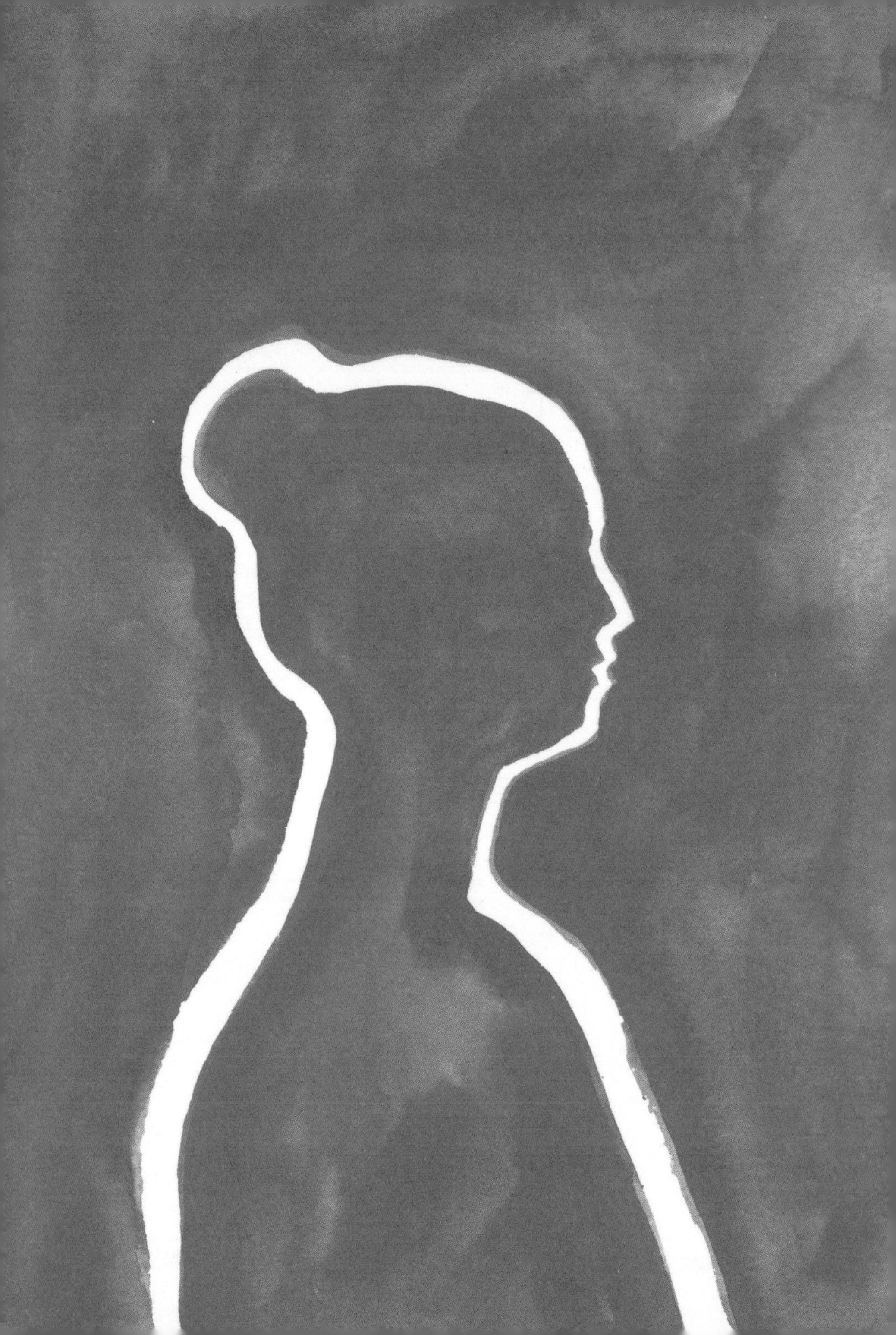

EIGENSEIN

Das Nein öffnet Raum,
es schüttet Fragen auf,
rüttelt an Altem.

Wirft mich auf mich selbst
zurück.

Es schafft Abstand
zwischen uns, einen Spalt,
der mein Alleinsein offenbart.

Das Nein verlangt
Klarheit und Selbstbezug.

Das Nein
bin immer mehr
ich.

WIEDERSEHEN

Ich bin Brust,
reduziert auf ein scheinbar
Wesentliches.

Ich vermisse die Anderen,
wo ist eigentlich
mein Becken?

Ich spüre meine Füße nicht,
so kann ich
nicht weitergehen.

Vorsichtig öffne ich
mein Krankheitskorsett,
streife es ab,

für einen Moment nur
stehe ich frei,

wie Puzzleteile
setzt sich mein Körper
zusammen.

Alles verbindet sich,
freut sich
wieder beisammen zu sein.

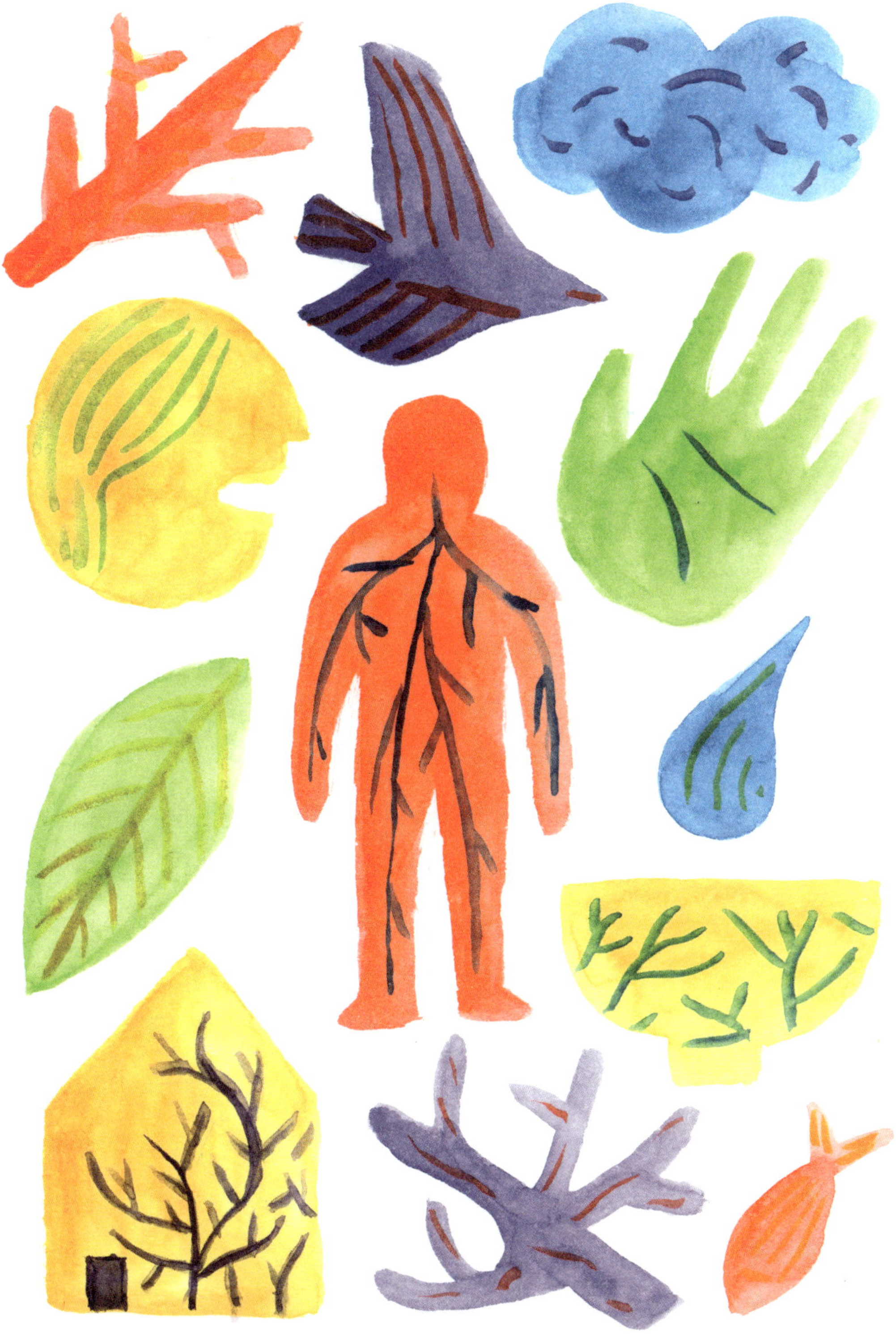

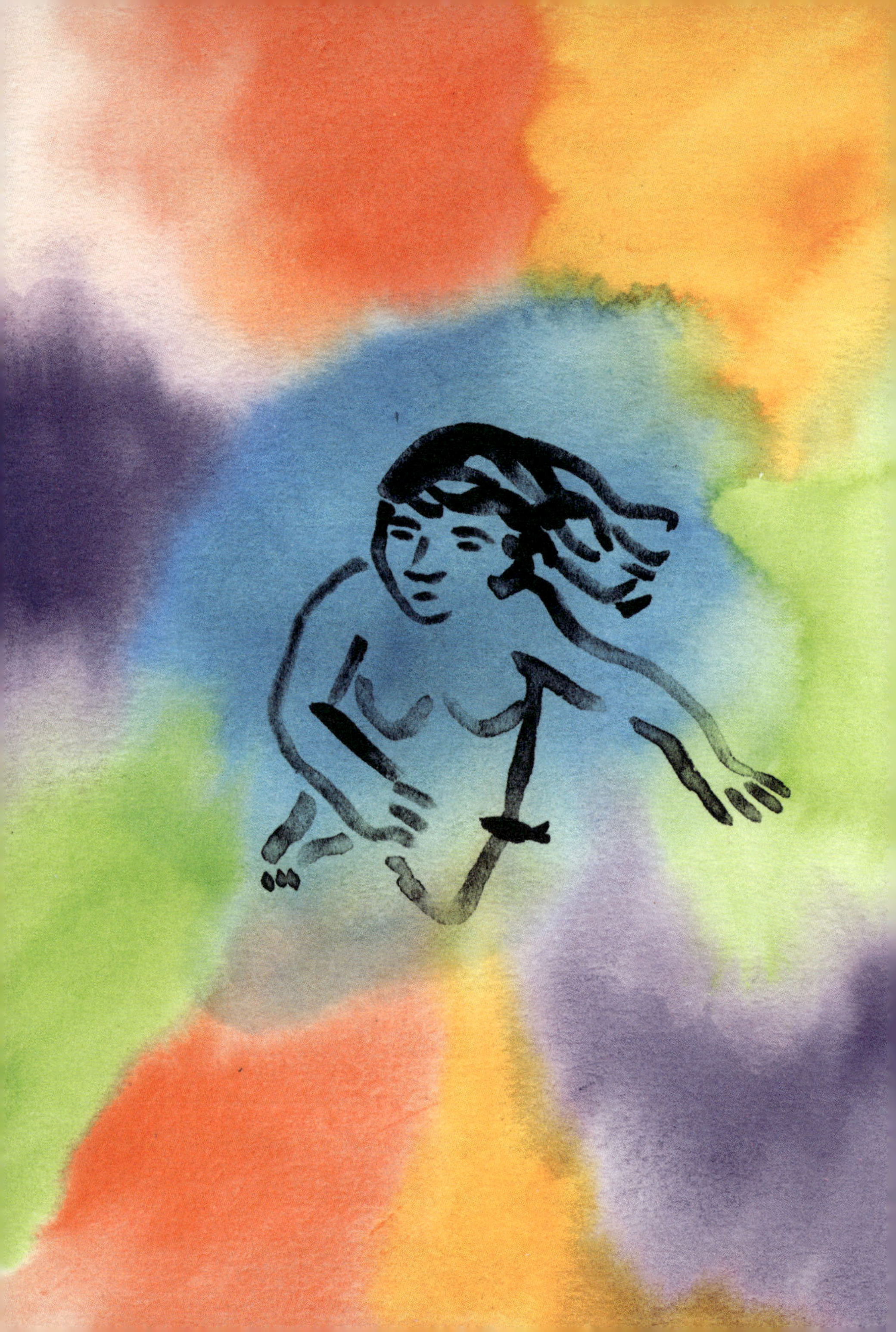

EIN GESUNDER ZUSTAND

Was ist eigentlich ein Zustand?

Wie weit dehnt sich ein Zustand
aus, fließt in mein Leben hinein?

Lässt er sich mitnehmen
in die Nacht, in den nächsten Tag?

Umfasst er meine Empfindungen
oder definiert er meine Zellen?

Kann ich meinen Zustand beeinflussen,
mich in ihm bewegen,
ihn befragen,
mit ihm wachsen?

Ist Gesundheit (nicht) immer ein Zustand?

ANGSTTROPFEN

Wirf die Angst hoch.

Und dann,
wenn sie als feiner Niesel
auf dich fällt,
lauf unter ihr hindurch.

Bleib in Bewegung.

Lass ihre Tropfen
auf deiner Haut
trocknen, verdunsten,
sich in Luft auflösen.

5

wie gehe
ich weiter?

Mit jedem Atem
bewohne ich wieder
einen Teil von mir,
kehre in meinen Körper
zurück.

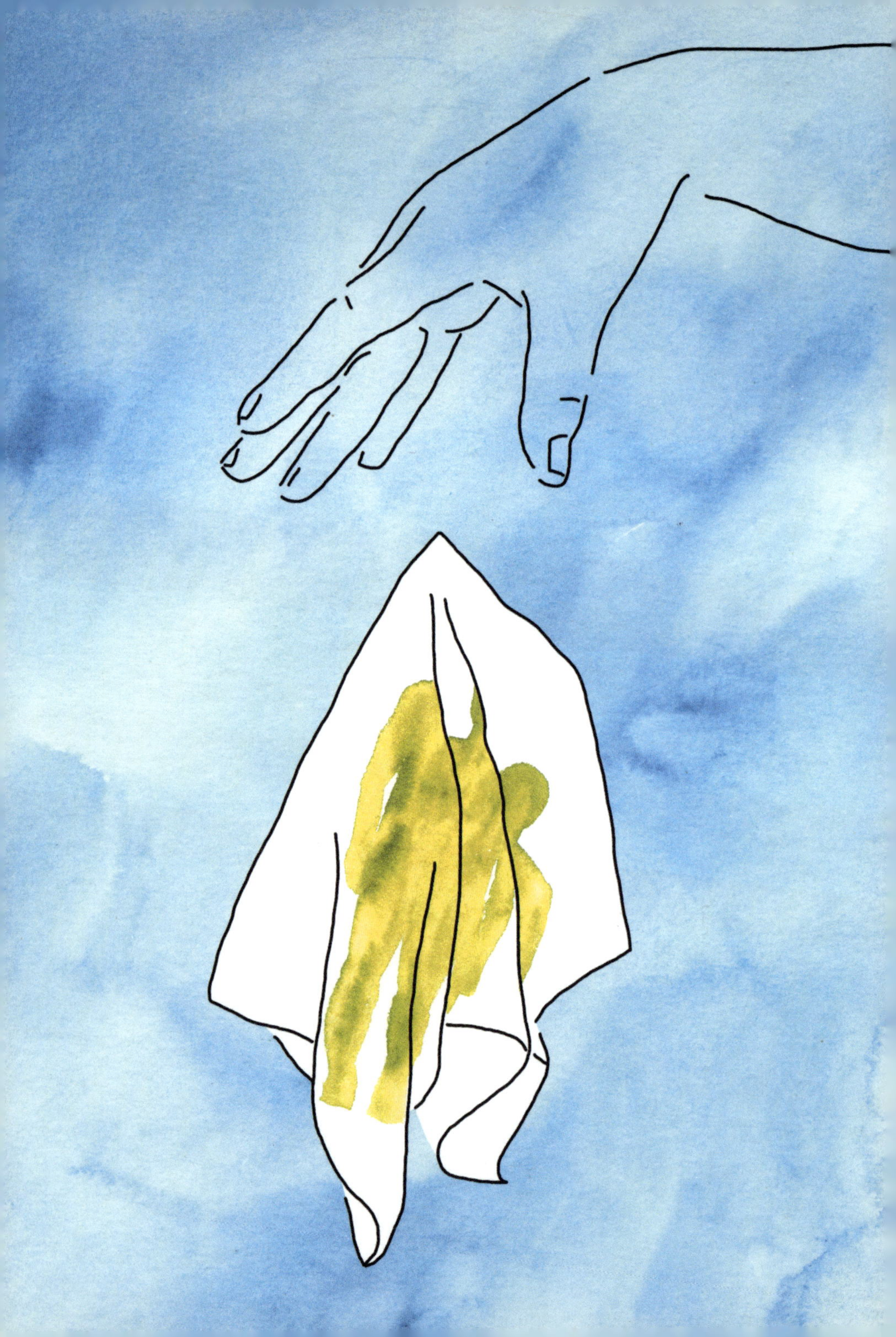

RUHIGER ABSCHIED

Ich lasse los,
mich selbst,
meine Äußerlichkeit.

Nehme Abschied
von einer unbemerkten
Symmetrie meines Körpers.

Ihr Fehlen hebt sie jetzt
in mein Bewusstsein.
Ich sehe mich deutlicher,
meine Umrisse, meine Form

und lasse los.

AUF ZARTE WEISE

Das Feste in mir
lauert und lockt.

In ihm liegen
das Beharren, die Starre,
die Sicherheit.

Das Weiche in mir
träumt und wandelt.

In ihm leben
das Fallen, die Angst,
das Weiterfließen.

Das Weiche bittet mich,
zart zu sein
mit mir selbst.

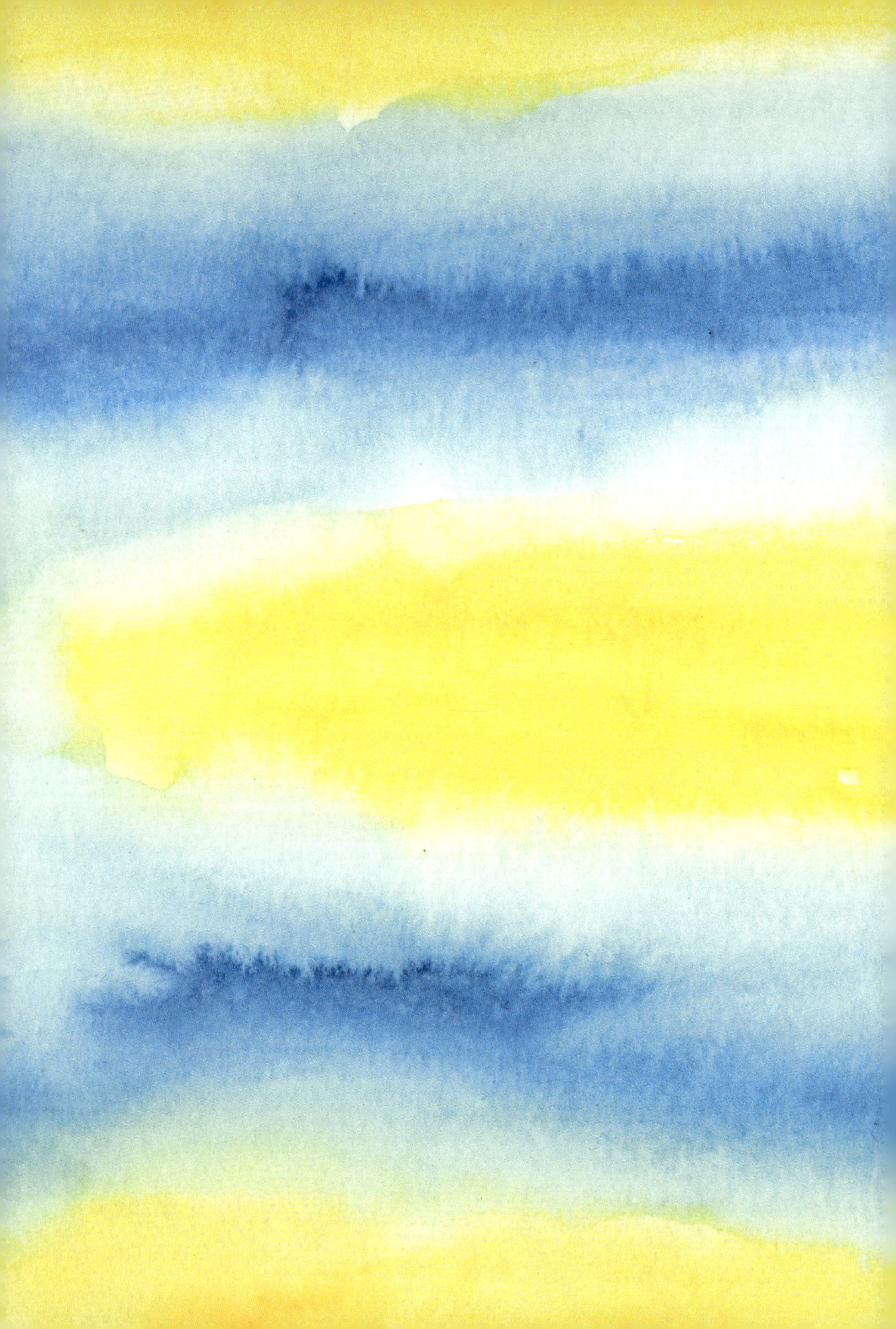

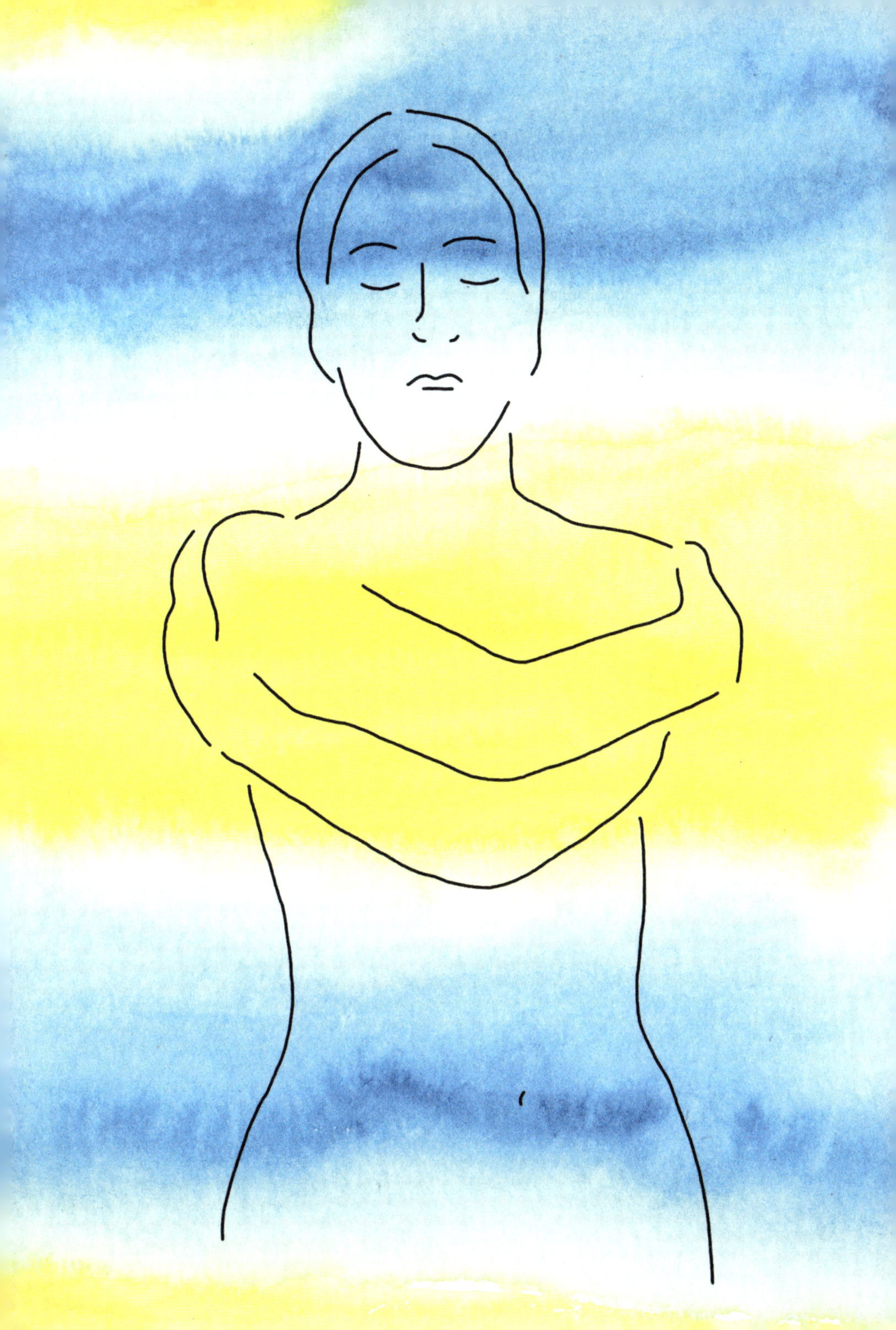

WIEDER LEUCHTEN

Ich brauche mich für mich selbst.
Nur so kann ich bestehen.

Ich brauche Zeit zu wissen,
was mich ausmacht.

Meinen Körper wahrzunehmen,
mich zu stärken.

Eine Richtung zu finden,
in die ich gehen möchte.

Ich brauche mich
nur für mich selbst.

Um mich leichter zu fühlen,
um wieder zu leuchten.

TEILCHEN DES LICHTS

Lebensmoleküle,
sie gleiten in mich hinein,
surren um mich herum.

Sie haben ihren eigenen
Schwingungskreis,
ihren eigenen Atem.

Sie schimmern,
flattern,
singen verrückte Melodien.

Sie möchten mir
das Flüchtige
schmackhaft machen.

Sie schwatzen liebevoll
von meinen Ängsten,
meinem Erstarrt-Sein.

Sie lieben
meine Nebentöne,
meine Verletzbarkeit,
mein Ungesagtes.

Mit ihnen kann ich
weitergehen.

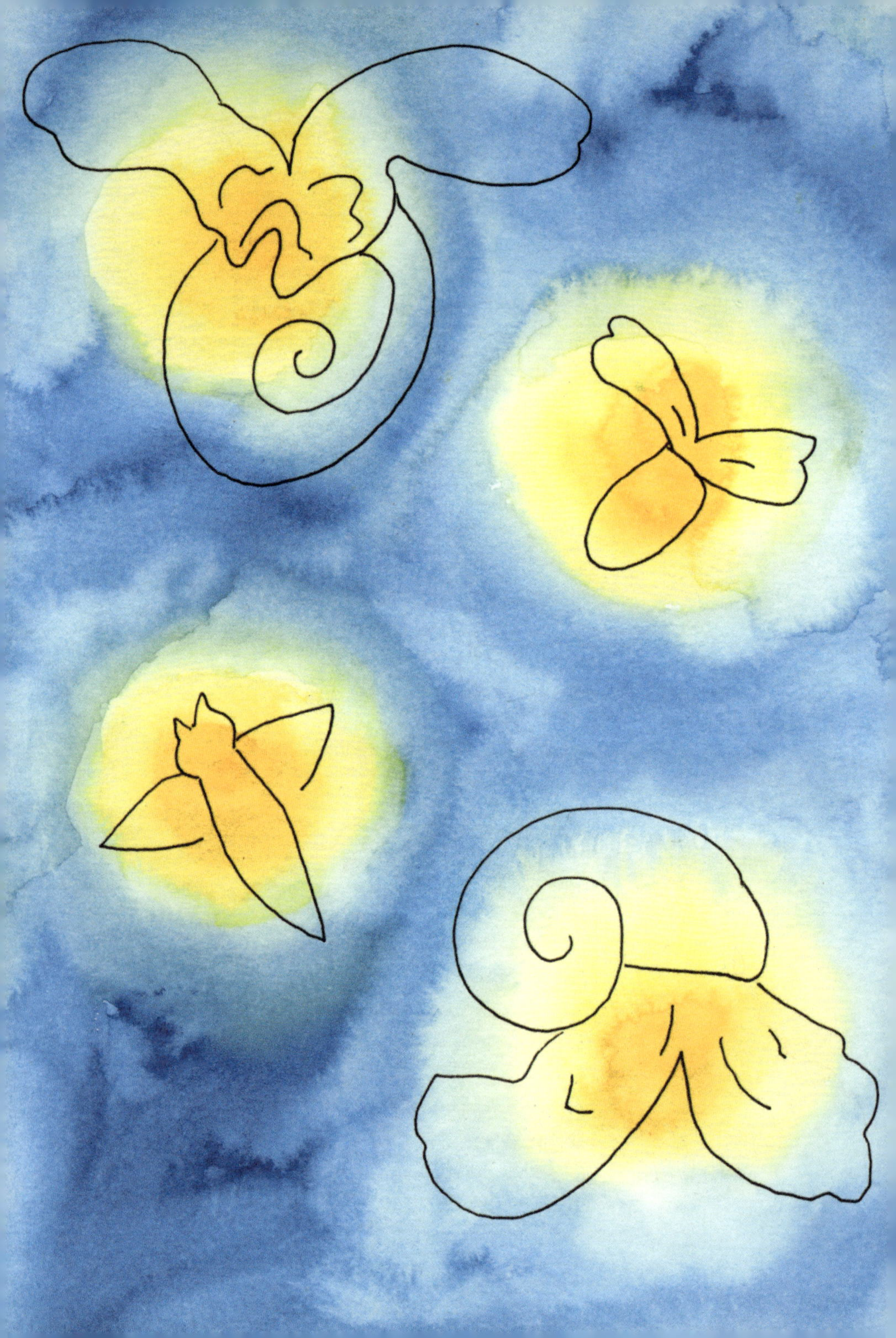

VERZAUBERT

Da ist ein feines Gespür,
für den Moment
zu bleiben, einzutauchen
in die Begegnung.

Es entsteht ein Freiraum,
in dem ich atmen kann,
in dem ich Freude empfinde,
in dem Nähe mich wieder auftaut.

Ich werde beweglich
überall,
beginne zu pulsieren
überall,
beginne zu leben.

RÄUMLICH

Ich versuche,
meine Entscheidungen
genauer zu treffen.

Frage mich,
welchen Zustand
ich in mir vorfinde.

Ziehe meine Fühler für andere
nach innen, lasse sie
in meine Richtung wirken.

Erlaube mir jedes Mal neu,
räumlich zu sein.

Ich gehe in meinem Körper
spazieren, lausche
dieser leisesten Stimme.

Ihr schenke ich
Vertrauen.

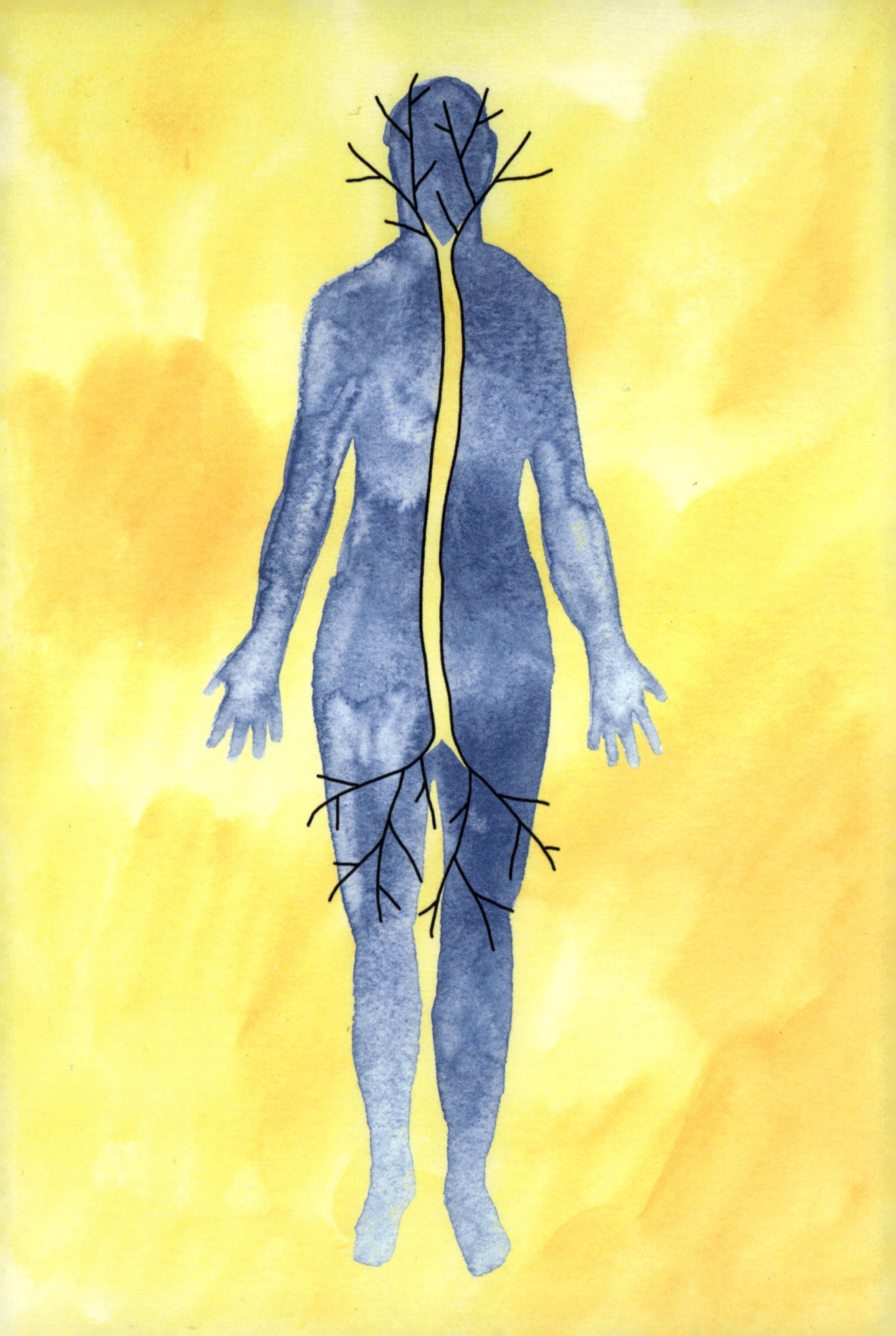

WIRBELLAUTE

Hörst du es flüstern:
Richte dich auf!

Verheißungsvoll,
ein Locken, verborgen
ein Versprechen,
dass es gelingt.

Richte dich auf,
lass uns Wirbel für Wirbel
zusammensetzen.

Lass uns Kraft finden
in der Beweglichkeit
unseres Körpers,
in der Klarheit
unserer Stimme.

Lass uns ein Stück
Größe zurückgewinnen.

6

was sind
meine Schätze?

Mein Körper,
meine Haut,
mein Duft.

Vertrautes erkunden,
beleben,
bewundern.

EINE BLÜTE LUFT

Der Baum meines Atems,
wie erspüre ich ihn?

Millionen von Lungenknospen
bewohnen seine Äste.

Geschmeidig
bewegen sie sich.

Hin und her,
ein tanzendes Rauschen.

In ihnen wandelt sich Luft,
unermüdlich öffnen sie sich.

Ein feiner Duft strömt
aus ihrem Inneren

und der Baum meines Atems
beginnt zu blühen.

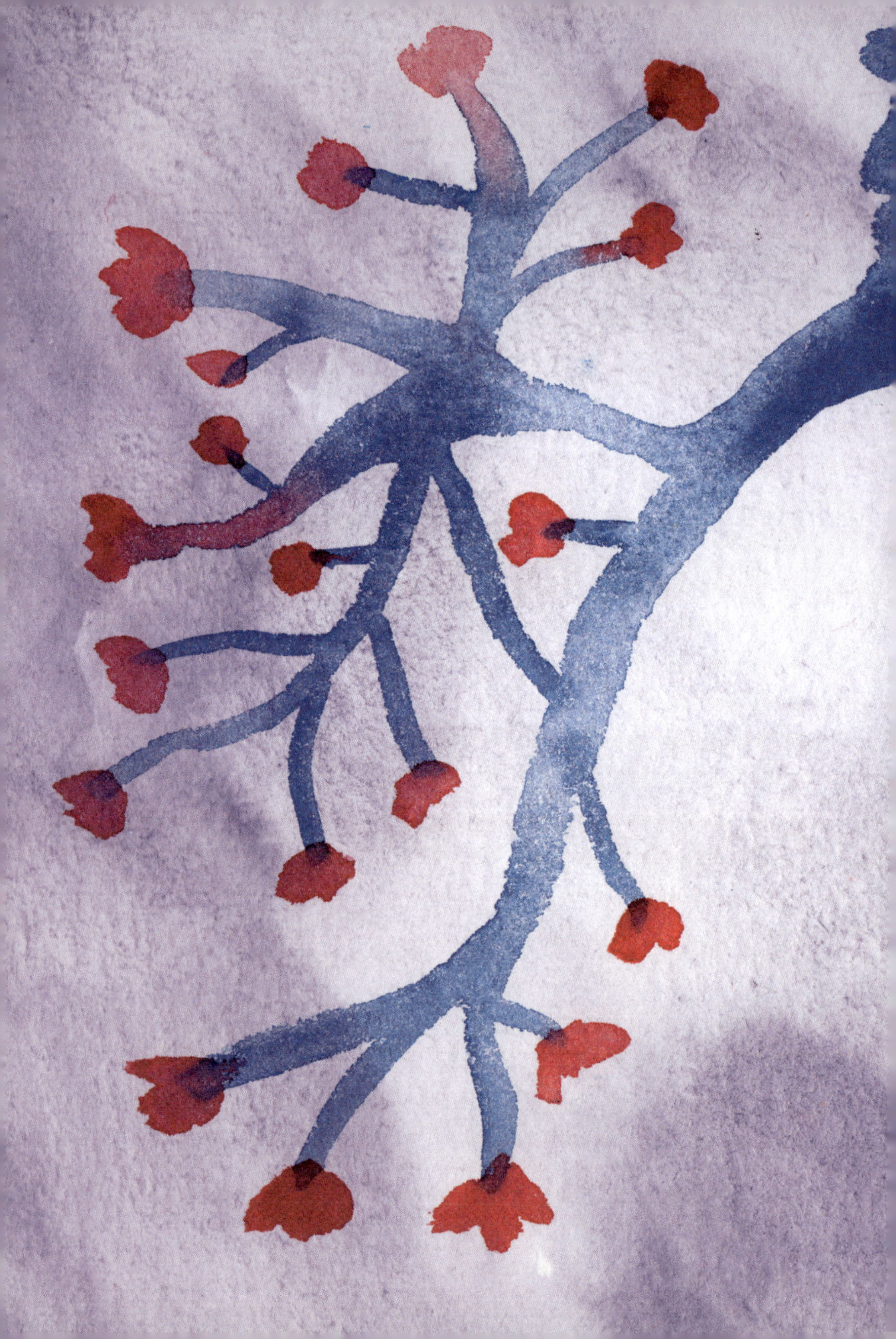

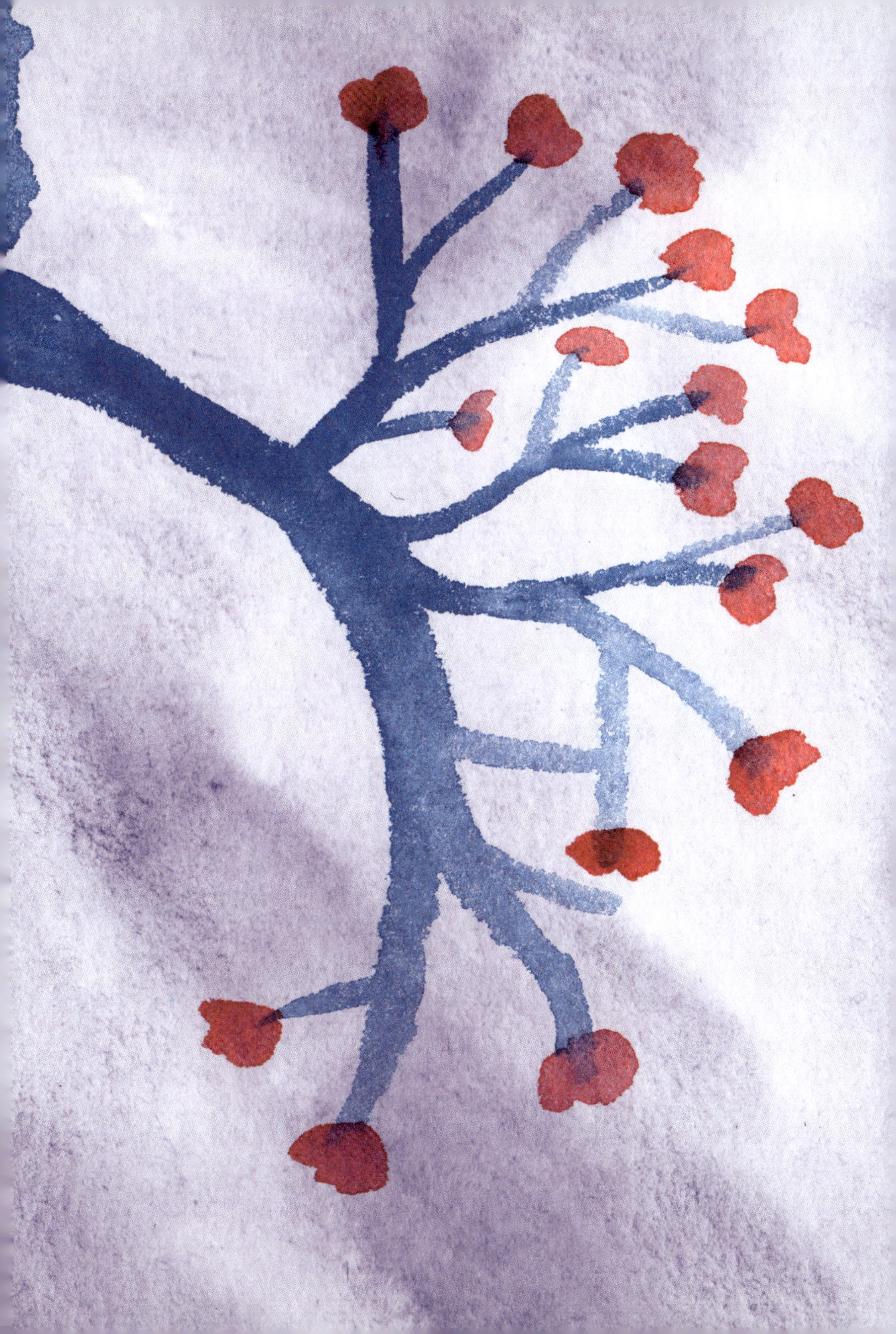

HAUTLANDSCHAFT

So viel Haut.

Meine Fingerbeeren
gleiten auf ihr entlang.
Da sind zarte Rillen und Linien
in den Flächen der Hände,
spitze Erhebungen der Gelenke,
ein warmer Innenraum der Kniekehle.

So viel Schutz.

Die feste Wölbung der Sohlen,
Berge und Täler der Zehen,
das Glatte ihrer Kuppen.
Die kühle Fläche der Arme,
feinste Härchen, kaum spürbar.

Und das Gesicht. Hier wird es still,
ein bedächtiges Tasten.
Bei den Augen verweile ich,
länger bei den Lippen.

So viel Sinnliches.

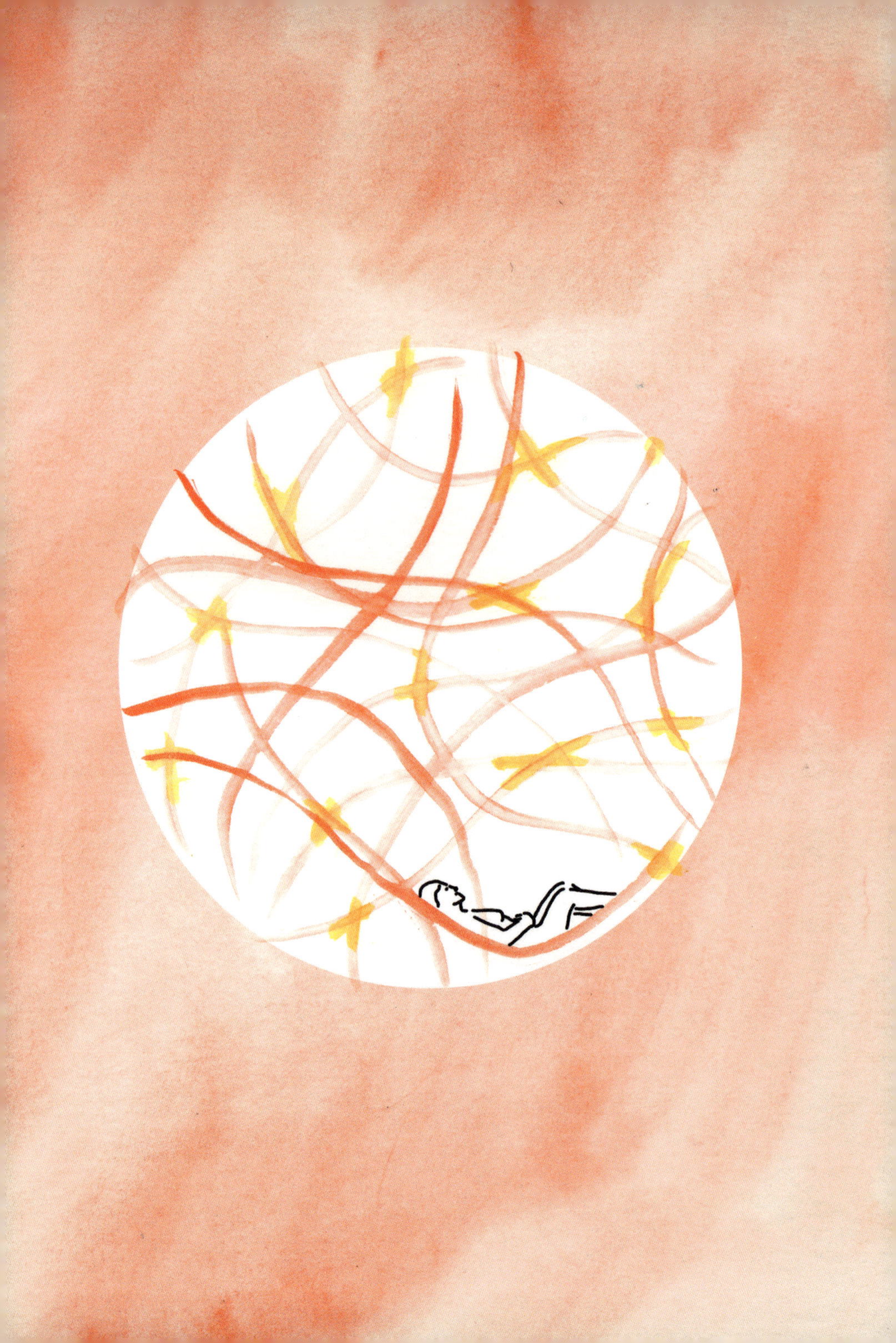

GLÄNZENDE FASZIEN

Unter der Haut
schillern feinste Fäden
wie gedehnte Tropfen.

Jeder Raum
meines Körpers ist
mit ihnen ausgefüllt.

Dieser flüssige Webstoff
ummantelt meine Muskeln,
Adern und Organe.

Festes, weiches Gewebe
schwingt gespannt,
hält und bewegt mich.

Es gibt kein Loch,
in das ich fallen kann.

BEFLÜGELT

Es sind Blätter aus Knochen,
im Rücken verwurzelt.

Runde Gelenke kreisen
langsam unter der Haut.

Arme, Hände, Finger
sind ihre Verlängerung.

Ein Aufspannen,

                eine Weite,

                              Schultern im Flug.

WEISSES RINNSAL

Sacht fließt es
durch meine Gefäße,
dieses kleinste Gewässer.

Feine Strömung,
die mich ausspült,
filtert.

Transparente Lymphe –
mein kostbares
weißes Rinnsal.

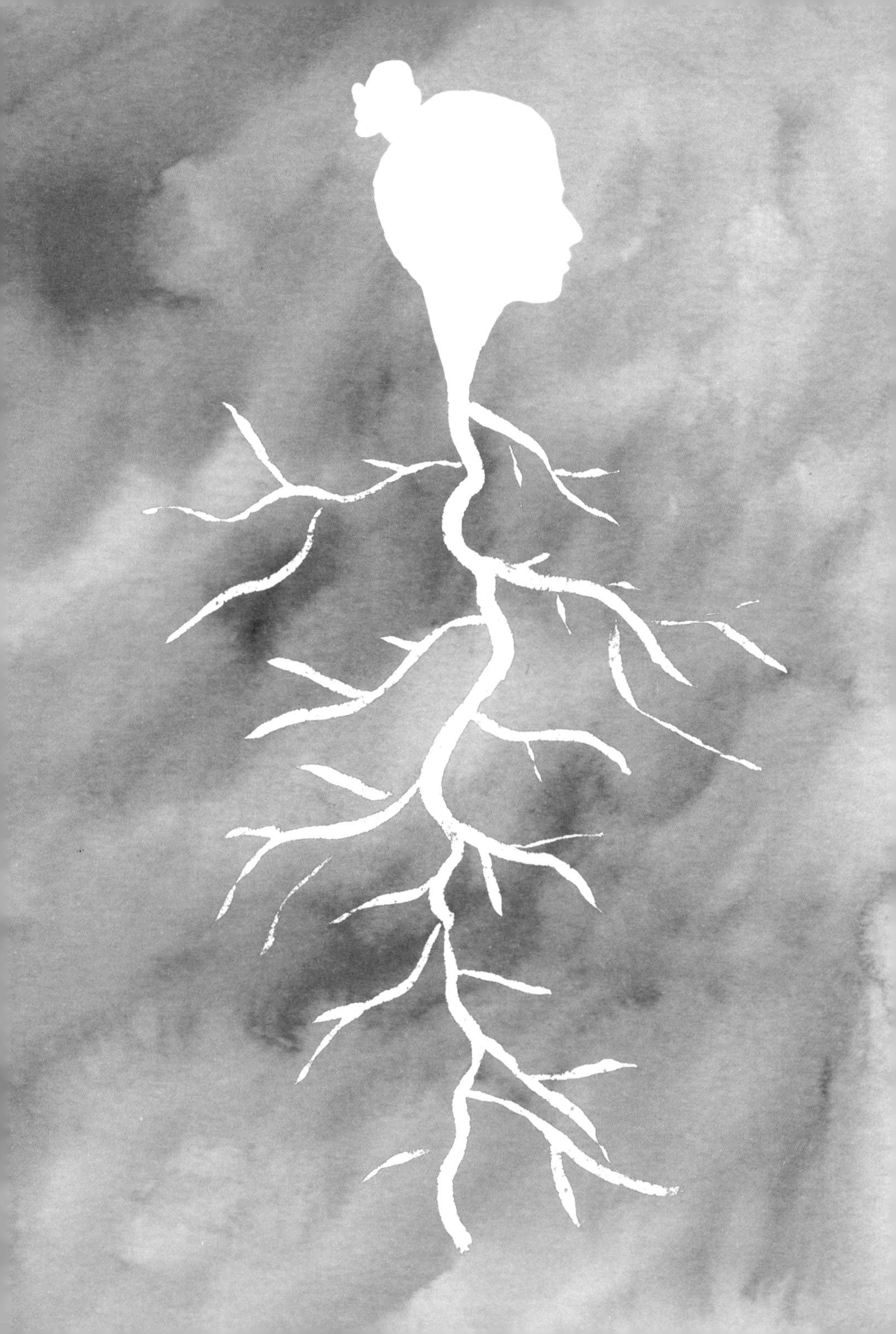

VON UNTEN

Die Sohlen meiner Füße
suchen Stimulanz:

eine Nuss,
eine Murmel,
ein Holzstück,
ein Seil.

Dann hebt sich
ihr Gewölbe
und ich
richte mich auf.

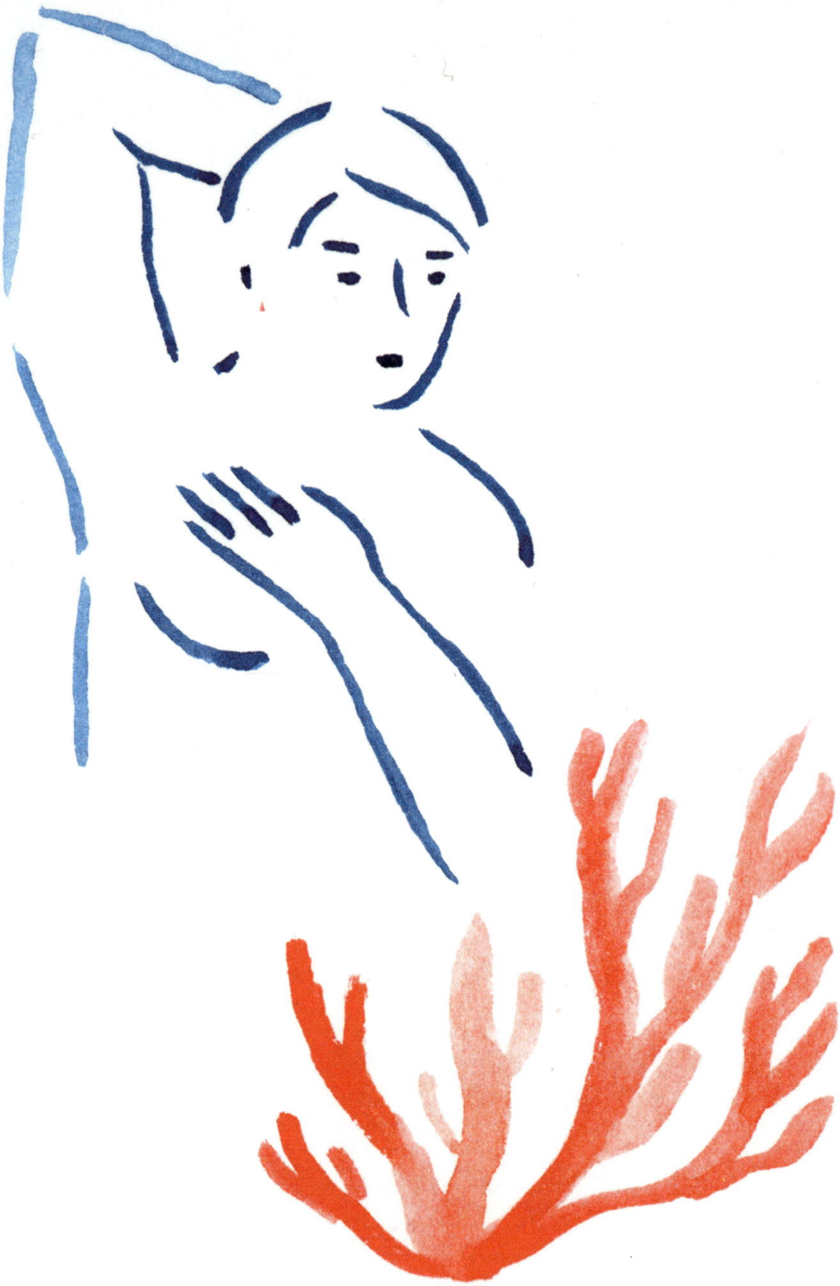

EINKLANG

Ein Summen rieselt
den Brustkorb entlang.

Rippen schwingen, Fasern
nehmen das Vibrieren auf.

Ich singe in mich hinein.
Lasse mich offen.

Ein Herein- und Hinausfluten,
Welle ... Stille ... Atem ...

Mehr Sein.

WO IST KRAFT?

62	Wendepunkt
65	Das Dazwischen
66	Goldene Körperrisse
69	Eigensein
70	Wiedersehen
73	Ein gesunder Zustand
74	Angsttropfen

WIE GEHE ICH WEITER?

81	Ruhiger Abschied
82	Auf zarte Weise
86	Wieder leuchten
87	Teilchen des Lichts
89	Verzaubert
90	Räumlich
93	Wirbellaute

WAS SIND MEINE SCHÄTZE?

98	Eine Blüte Luft
102	Hautlandschaft
105	Glänzende Faszien
107	Beflügelt
108	Weißes Rinnsal
110	Von unten
113	Einklang

IMPRESSUM

Eine Blüte Luft

AUTORIN UND HERAUSGEBERIN
Sabine Evangelia Koop

COVERILLUSTRATION Carmen José
ILLUSTRATIONEN & VISUELLES KONZEPT
Carmen José
GESTALTUNG & SATZ Milena Albiez
LEKTORAT & KORREKTORAT Karin Fellner

VERTRIEB NOVA MD GmbH
DRUCK Balto Print, Litauen
PAPIER Munken Print White 15

Das Werk, einschließlich seiner Teile, ist urheberrechtlich geschützt. Jede Verwertung außerhalb der engen Grenzen des Urheberrechts ist ohne Zustimmung der Herausgeberin und Autorin unzulässig. Dies gilt insbesondere für die elektronische oder sonstige Vervielfältigung, Übersetzung, Verbreitung und öffentliche Zugänglichmachung.

Zum Text Seite 39 „Worte in mir"
nach Iris Wolff, „Die Unschärfe der Welt".
Mit freundlicher Genehmigung von Klett-Cotta.

1. Auflage
© Edition Stimme Koop 2023
Motzstr. 1, 34117 Kassel
www.lyrikkassel.de
ISBN 978-3-9859-5785-9

Edition
Stimme Koop

INHALT

WAS IST WERDEN?

- 11 Körperschätze
- 12 Knospe der Brust
- 13 Dieses Neue
- 16 Tiefgang
- 19 Stillleben
- 21 Übergänge

WOHIN FALLE ICH?

- 27 Der Befund
- 29 Ein Augenblick von Würde
- 31 Das Richtige
- 33 Unschärfe
- 35 Klang der Strahlen
- 37 Worte in mir
- 39 Meine Ruhe

WIE SPÜRE ICH MICH?

- 47 Mir begegnen
- 48 Das Huch
- 49 Zwiegespräch
- 53 Spiegelbild
- 54 Sichtbar sein
- 55 Für immer
- 57 Nachtgedanken

SABINE EVANGELIA KOOP

Die deutsch-griechische Stimmtherapeutin, Autorin und Musikerin Sabine Evangelia Koop ist in Berlin geboren. Sie studierte an der Universität der Künste Berlin Musik, Philosophie und Pädagogik. Ihr erstes Buch „Das Wesen der Stimme" erschien 2019 und erzählt, im Zusammenspiel von lyrischen Texten und Illustrationen, von der Wahrnehmung der eigenen Stimme. Auf ihrer Internetseite www.lyrikkassel.de und auf ihrem YouTube-Kanal @lyrikkassel veröffentlicht sie lyrische Sequenzen und deutsch-griechische Kurzgedichte.

CARMEN JOSÉ

Carmen José ist Illustratorin, Dozentin und Aktivistin, geboren in Madrid. 2011 kam sie nach Deutschland und setzte ihr Studium an der Kunsthochschule Kassel im Fach Visuelle Kommunikation mit dem Schwerpunkt Illustration und Redaktionelles Gestalten fort. Seit 2021 lehrt sie Illustration und Soziale Praxis an der Willem de Kooning Akademie in Rotterdam. Ihr erstes Buch „Allí:Hier" (Rotopol/Barbara Fiore 2017) ist eine poetische Sammlung von Eindrücken über das komplexe Leben zwischen zwei Ländern, Kulturen und Sprachen. www.carmenjose.com

ICH DANKE

Lars, der seine ganze Sorge in einen neuen
Terrassenboden verbaut hat

Kathrin, Angela, Christiane, Steffi, Reinhard, Karen,
Anne, Sabine, Christian, Lalo, Lotti, Steffi, Valeska,
Charlotte, Claudia, Ilka, Carsten, Ingrun, Anette,
Alexander, Ute, Maria, Costa für eure Karten und
Briefe, Gespräche und Umarmungen

neun unbekannten Frauen, die mir Fragen zu dem
Erleben ihrer Erkrankung offen beantwortet haben

dem Team des Diagnostischen Brustzentrums
Göttingen und des Elisabeth-Krankenhauses Kassel
für Rücksicht, Umsicht und Fürsorge

Karin Fellner für ihre sehr wertschätzenden
Rückmeldungen und ihr feines Gespür für meine
Texte

Carmen für ihre künstlerische Gestaltung,
ihren weiten Blick, ihre Farben und Formen,
ihre liebevolle Begleitung

Milena für ihre unendliche Geduld, meine Bücher in
Schrift und Form lebendig werden zu lassen

und Levin